教育部人文社会科学研究青年基金项目
"中学理科教师个体知识构成、发展及评价的实证研究"
（批准号：17YJC880073）资助

中学理科教师个体知识构成、发展与评价研究

刘艳超 著

九州出版社 JIUZHOUPRESS｜全国百佳图书出版单位

图书在版编目（CIP）数据

中学理科教师个体知识构成、发展与评价研究 / 刘
艳超著. -- 北京 ：九州出版社，2021.11
ISBN 978-7-5225-0617-3

Ⅰ．①中… Ⅱ．①刘… Ⅲ．①理科（教育）－课程－
教学研究－中学 Ⅳ．①G633.72

中国版本图书馆CIP数据核字(2021)第222231号

中学理科教师个体知识构成、发展与评价研究

作 者	刘艳超 著	
责任编辑	张皖莉	
出版发行	九州出版社	
地 址	北京市西城区阜外大街甲 35 号（100037）	
发行电话	(010)68992190/3/5/6	
网 址	www.jiuzhoupress.com	
印 刷	北京九州迅驰传媒文化有限公司	
开 本	720 毫米 ×1020 毫米 16 开	
印 张	16	
字 数	235 千字	
版 次	2021 年 11 月第 1 版	
印 次	2021 年 11 月第 1 次印刷	
书 号	ISBN 978-7-5225-0617-3	
定 价	48.00 元	

前　言

　　自 20 世纪 80 年代以来，教师知识迅速成为教师教育研究领域的一个热点议题，有关教师知识的论著已出版发表不少，而本书的独特之处在于，开展中学理科教师个体知识构成、发展与评价的实证研究，这对于认识中学理科教师个体知识的含义、特征、结构、类型和生成机制，揭示教师专业发展规律等具有重要的理论意义。本书试图以概念图作为中学理科教师个体知识表征、发展与评价的主要方法，有利于中学理科教师个体知识的理解与传播，为中学理科教师个体知识的管理与发展等提供方法论指导和技术支持，对丰富教育理论与方法具有重要学术价值。

　　本书共有五章，涵括四个研究问题：一是对中学理科教师个体知识构成的理论研究；二是对中学理科教师个体知识评价的方法与技术探讨；三是对中学理科教师个体知识评价的案例研究；四是对中学理科教师个体知识发展的实践探索。

　　第一章中学理科教师个体知识构成的理论研究部分，对本研究的基本概念进行了界定，对本研究的理论基础进行了阐述，探讨了中学理科教师个体知识的内涵、类型、发展阶段等。

　　第二章中学理科教师个体知识评价的方法与技术探讨，主要包括概念图理论的简要阐述、概念图评价的方法论探讨、教师个体知识概念图评价指标体系的构建，以及应用概念图进行评价研究过程中会遇到的一些技术难题的处理。

概念图是一种以图表的形式反映概念和概念之间关系的知识结构图，作为一种方法论体系，概念图很好地融合了实证主义和人文主义两大方法论优势。

第三章中学理科教师个体知识评价的案例研究，结合中学理科教师的日常工作选取了与理科教师关系密切的主题："探究教学""课程资源开发与利用"知识的概念图评价，并以处于专业发展不同阶段的教师作为评价对象进行实证探索。研究表明，通过概念图可以很好地呈现不同发展阶段教师个体知识在内容与结构两个维度上的差异，且随着教龄的增加，教师的个体知识呈现出一定的发展规律。

第四章中学理科教师个体知识发展的实践探索，主要以中学物理教师为例，基于协同教研模式构建，介绍了多年的实践探索过程，最后总结中学物理教师协同教研模式实施的进展与问题等。

第五章中学理科教师个体知识研究结论与建议部分，总结中学理科教师个体知识发展的五条基本结论：一是教师个体知识类型分布以经验型、理论型和融合型为主；二是从"机械照搬"到"自主创生"是教师个体知识发展的普遍规律；三是不同发展阶段教师个体知识水平存在显著差异；四是专家型教师个体知识具有明显的情境性和结构性特征；五是概念图评价法在中学理科教师个体知识评价上具有明显优势。本研究就优化中学理科教师个体知识及评价方法提出四方面建议：一是推进聚焦课堂教学的协同教研，针对教师个体知识发展不同阶段与特征实现精准提升；二是构建教师个体知识发展共同体，充分发挥专家型教师的专业优势与引领作用；三是关注教师能力的"自变量"，促进教师个体知识内生式持续发展；四是科学合理地利用概念图评价方法，提高教师个体知识评价有效性。

以上是本书的主要内容框架，是作者近年来对中学理科教师个体知识研究的一个阶段性总结，希望本书的观点能够给思考教师个体知识的研究者以启示。

刘艳超

2021 年 6 月

目　录

导　论

一、研究背景

（一）教师专业发展的时代诉求

教师专业发展需要对教师个体知识进行有效评价，从 20 世纪 60 年代开始，由美国发起并延伸到西欧和北美各国的大规模课程改革运动希望落空，使得美国和其他国家的许多理论及实践工作者意识到，教师是保证改革得以实现的关键因素。于是，许多国家开始从对教师"量"的需求逐渐转变为对教师"质"的要求。1966 年联合国教科文组织和国际劳工组织提出《关于教师地位的建议》，首次以官方文件方式对教师专业化做出了明确表述，提出"应把教学工作看为一种职业，这种职业要求教师通过严格的和持续的学习，获得并保持专业知识和专门技能。"[①]20 世纪 80 年代以来，教师专业发展已成为国际教师教育改革的趋势，正是在教师专业发展的进程中，教师在教育实践中的主体地位和作用得到确认，教师专业发展的意义和可能得到保障。

知识在教师的专业生命中具有非常重要的地位，是教师从事教育教学工作的前提条件，也是构成教师专业素质的重要基础。正如兹南尼基（Znaniecki，1965) 所说："每个人无论承担何种社会角色都必须具备正常担任该角色必不可少的知识。"[②]1986 年，霍姆斯小组和卡内基教学专业专项小组分别提出报告，着重讨论教师专业和教师教育问题，都表达了一个明确的意思：欲确保教育的质量，必须提高教师的专业水准。霍姆斯小组的报告更进一步指出：提高教师专业水准的重点所在，乃是明确教师专业的知识基础，"使教师的教育拥有更为坚实的理智基础"。

---

① 国际劳工组织，联合国教科文组织．关于教师地位的建议 [EB/OL].http://www.doc88.com/p-1896816487068.html.2012-10-15.

② [美]Znaniecki F. The Social Role of the Man of Knowledge [M]. New York: Octagon Books，Inc，1965. 24.

与此同时，学术界也表达了同样的声音。典型代表即 1987 年舒尔曼为教师专业的知识基础尝试做出划分，提出教师知识基础应包括学科内容知识、一般教学知识、课程知识、学科教学知识等。尽管舒尔曼并没有对他的分类做详尽的说明，但这个分析框架迅速得到教育研究者的认同，并作为确立教师教育课程体系的理论依据。

基础教育课程改革实施至今，课程的决定权由"中央"下放到"地方和学校"，为确保学校课程的水准，要求教师要从官方课程的忠实执行者转变为课程设计者，由被动学习者转换为主动的研究者，由知识的传授者转换为能力的培养者。基于此，教师个体知识的结构与水平逐渐成为教师专业知识发展中备受关注的内容，如何因地制宜、卓有成效地提高中学理科教师的个体知识水平，是理论研究者、教师培训人员和一线教师共同关心的问题。教师专业发展要求对教师的个体知识进行深入、系统的评价研究，此项研究具有一定的必要性、适切性和可行性。

（二）教师个体知识结构优化的迫切需要

中学理科教师个体知识研究有助于优化教师的个体知识结构。随着基础教育课程改革的持续推进，人们越发地认识到，教育变革的成败取决于教师，事实就是如此简单，也是如此复杂[1]。教师是新课程实施的主体和关键，是推进课程改革的中坚力量。教师如何理解课程改革影响课程教学的功效，为了使课程改革真正实现预期效果，一个基本条件就是教师对课程改革有一个清晰完整的认识，并能够将其落实到自己的教学实践过程之中。显然，这对教师的能力、素质提出了更高的要求。人们认为教师行为取向的选择和方式的建立，主要是基于其知道什么、观念如何。所以，教师的专业知识应该是改革的一个基点，任何改革都需要事先了解教师在课堂教学中实际使用了什么样的知识。[2]

教师个体知识结构的优化，需要明确教师个体知识类型有哪些，这是学者和一线教师非常关心的问题，从文献梳理来看，学科知识、教学知识、课

---

[1] [加] 迈克尔·富兰. 教育变革新意义 [M]. 北京：教育科学出版社，2005.121.

[2] 董涛. 课堂教学中的 PCK 研究 [D]. 上海：华东师范大学，2008.

程知识、学科教学知识作为教师知识结构的组成部分基本达成共识（艾尔贝兹 1981，舒尔曼 1987，格鲁斯曼 1994，单文经 1990，刘清华 2004，马云鹏 2008）。基于这一理解和我国的课程改革，我们认为，中学理科教师个体知识的结构与质量将对中学理科教师的专业能力、教学观念和教学行为产生明显的影响，对课程改革的有效推进至关重要。

（三）教师评价研究的蓬勃兴起

目前，教师评价是国内外教育理论研究的热点问题，也是我国课程改革的关键问题。自从有教师以来，教师就一直受到学生、家长、行政领导及社会的评价，但正式的教师评价制度却是在 20 世纪中叶才在西方发达国家产生，我国直到 80 年代以后才有比较正式的评价。目前，我国教师评价取得了一些进展，但仍有很多不尽人意之处。随着基础教育课程改革的持续推进和教师专业发展研究的逐渐深入，教师评价日益成为各级教育管理者困惑和重视的问题。如何通过科学合理的评价活动调动广大教师的积极性，促进教师专业发展的可持续性，是研究者与教师共同面对的重要课题。

总体而言，教师评价是一个价值判断的过程并为实现一定的目的而进行。但在评价内容上，可谓见仁见智。我国学者蔡永红等人将教师评价划分为教师胜任力评价、教师绩效评价和教师有效性评价。[①] 其中，教师胜任力评价主要回答教师"知道什么"；教师绩效评价主要回答教师"做了什么"；教师有效性评价主要回答教师"表现的如何"。而相关研究发现，专家型教师与新手教师之间的差异就在于他们具有不同的知识结构，与新手相比，专家型教师在课堂经验、理解教学、解释课堂事件等方面具有更加丰富、更加精巧的认知结构[②]。Sternberg,R.J.(1997)认为，专家型教师不同于新手教师，首先就是专业知识不同，专家型教师运用知识比新手教师更灵活有效。由此可见，教师知识的诱出

① 蔡永红，黄天元. 教师评价研究的缘起、问题及发展趋势 [J]. 北京师范大学学报（社会科学版），2003（1）：130-136.

② Livingston C, Borko H. Expert-Novice Differences in Teaching:A Cognitive Analgsis and Implication for Teacher Education [J].Journal of Teacher Education 1989.40(4).

是进行教师评价的重要环节与内容。

中学理科教师个体知识的表征与评价是一项复杂而又艰巨的任务，对于理科教师专业发展和提高课程实施水平具有重要意义。

（四）教师知识评价的方法论转向

促进教师知识的发展，需要对教师知识现状有所了解。而评价是了解教师知识状况的主要途径，因此，有效的评价方法与技术开发非常必要。近年来，国内有一些对中小学教师专业知识状况的调查研究，但整体而言，教师知识测查工具与技术的开发仍是一个新的课题。[①] 现有的大量研究揭示了不同教学专长的本质是知识的差异，教育心理学认为，专家拥有更好的专业知识组织与结构。反映在评价上就是需要对教师知识作出差异比较，认识不同发展阶段教师所持有的知识特点，从而进行相应的、有针对性的价值判断，以便真正发挥出评价的激励与发展等功能。

概念图的结构特征与人类的认知结构中组织、贮存知识的方式是基本吻合的，但这些知识是如何形成、如何相互作用，以及知识结构如何影响人们在教学中的发展？概念图能够评估知识结构吗？概念图能否区分专家和新手的知识结构？已往的研究认为概念图不同于传统形式，也就是概念图能够评估知识结构，将教师对知识的组织外显出来。基于此，本研究尝试借助于概念图的表征与评价功能，将中学理科教师头脑中的知识结构呈现出来，从而更好地实现教师评价这一新趋势发展的要求。

二、研究问题

全面提升学生科学素养是中学理科课程改革的总目标追求，评价并优化中学理科教师个体知识是实现这一目标追求的重要保障。新课程改革推进过程中取得的成绩和面临的困境让我们重新审视当前的理科教学，让我们反思工作在第一线的中学理科教师个体知识。基于以上认识，我们不仅要问，符合课程改

---

① 马云鹏，赵冬臣，韩继伟. 教师专业知识的测查与分析 [J]. 教育研究，2010（12）：70-76.

革要求的理科教学应该是什么样子的？中学理科教师的个体知识究竟是什么？可以采用什么方法对中学理科教师个体知识的现状进行有效评价？

在研究背景和研究主题导向下，本研究试图回答下面的问题：

1. 中学理科教师个体知识构成的理论研究。本研究试图对中学理科教师个体知识的理论分析框架进行构建，探讨中学理科教师个体知识的概念描述、类型划分、发展阶段，以及教师个体知识评价范式的演变与启示。从而回答中学理科教师个体知识是什么，明确为什么使用概念图评价中学理科教师的个体知识。

2. 中学理科教师个体知识评价的理论探讨。如何使用概念图评价中学理科教师的个体知识？本研究基于传统知识评价方法的反思与启示，阐释了概念图评价方法的含义、特点、优势与局限性等，并构建了教师个体知识概念图评价指标体系，对应用概念图评价中学理科教师个体知识过程中的技术难题尝试进行解析。明确并规范使用概念图评价中学理科教师个体知识的基本过程。

3. 中学理科教师个体知识评价的案例研究。本研究使用概念图评价中学理科教师个体知识相比于其他测评方法的效果如何？处于不同发展阶段的中学理科教师个体知识有何特点？是否存在差异？本研究通过两个中学理科教师个体知识主题的案例分析，利用概念图评价方法对中学理科教师个体知识的现状作出总结与评价。

4. 中学理科教师个体知识发展的个案研究。本研究基于笔者所参与的中学物理学科协同教学研究实践探索过程，阐述了中学理科教师个体知识发展的模式、阶段与影响因素等。

三、研究现状

目前，国内外与本课题相关的研究内容主要有以下几方面。

（一）教师知识含义及构成研究

自20世纪80年代以来，教师知识迅速成为教师教育研究的一个热点议题，专业知识是教师从事教育教学工作的前提条件，也是构成教师专业素质的重要基础，教师要有效地进行教学必须具备一定的专业知识，正如兹南尼基所说："每个人无论承担何种社会角色都必须具备正常担任该角色必不可少的知识"（Znaniecki，1965）。从已有研究来看，国内外研究者主要关注三大问题：一是教师需要什么知识；二是教师具有什么知识；三是教师如何发展他们的知识。其中，对教师知识类型的划分是基于教育教学的不同角度或侧重点而进行的，虽然这些角度并不清晰，但基本呈现两种主要的研究路径，关注"应然"状态的教师知识基础研究和教学实践中教师应该具有的知识类型研究。国内申继亮、辛涛等人的划分研究影响巨大，研究者将教师的知识分为本体性知识、条件性知识、实践性知识和文化知识（辛涛，申继亮等1999）；国外以舒尔曼（1986,1987）的教师知识分类研究影响最大，认为教师知识包括学科知识、一般性教学知识、课程知识、学科教学知识、学生及其特征的知识、教育情境知识和教育目的、价值及教育哲学与历史基础知识。舒尔曼的教师知识分类框架在教师知识研究领域可谓开创了一种独特的分类研究新视角，国内外很多研究者都是在此基础上提出自己的教师知识类型（Elbaz，1983；Grossman，1990；谢维和，2000；简红珠，2004；刘清华，2005；马云鹏，2008）。虽然舒尔曼提出的教师知识类型框架是基于其对教师教学的多年研究，但在课堂实际教学中，教师是否具备这些知识，如何运用，以及这些知识类型之间的关系等等问题，还需进一步的实证研究。

（二）教师知识表征及发展研究

当我们要考察教师究竟具有怎样的知识时，事实上是在要求人们回答教师知道些什么。要清晰、完整地描述教师所拥有的知识，需要找到理想的描述工具能将教师所拥有的知识表征出来。许多研究者做出了努力，康奈利和科兰蒂宁构建了形象、惯例、原则、个人哲学、隐喻、周期与节律、叙述整体等系列概念，用以表征教师的实践性知识。艾尔贝兹运用原理、规则和意向三个概念表征教师的知识。布兰克等人探讨了教师知识的多种表征方式，包括交谈和讲故事；绘画和隐喻；日志和写故事、叙事等。姜美玲认为教师实践性知识的表征形式包含意象、隐喻、实践规则、实践原则、个人哲学等。吴卫东认为教师个人知识可以通过思维、言语和行为三种方式加以表征。

谈及教师知识发展研究，必然少不了教师知识来源及获得方面的研究，但由于教师知识来源研究一直被忽视，导致教师知识的获得和发展研究成果也比较少见。国外关于专家和新手教师的比较研究认为，可以通过三种策略发展新手教师知识，一是对新手教师的训练；二是开展反思活动；三是外部支持（王小明，周谊1996）。国内有学者归纳了教师专业知识发展的四种方式：一是构建教师学习共同体；二是采用案例教学法；三是情景学习，通过模拟和长期随堂观察，体验专家教师的教学专业知识；四是同伴互动，组织专家型教师和初任教师在内的小组进行动态合作和对话（吴刚，2004）。

（三）不同发展阶段教师知识评价研究

认知心理学的研究表明，专家的出色表现在于有意识的思考与组织良好的知识基础（Ericssion，1996；Holmes Group，1986）。专家型教师与新手教师之间的差异就在于他们具有不同的知识结构，与新手相比，专家型教师在课堂经验、理解教学、解释课堂事件等方面具有更加丰富、更加精巧的认知结构（Livingston,1989）。Sternberg,R.J.(1997)认为，专家不同于新手主要体现在三个方面，其中第一个方面就是专业知识，专家运用知识比新手更有效。由此可见，教师知识的诱出与评价是进行教师评价的重要内容，国外教育研究者已经尝试运用多种工具和技术捕捉并评价教师知识，主要有期刊保管、概念图、刺激回忆、访谈、简答测验、出声思维、储备库网络和量表等方法，而国内专门针对教师知识的系统评价研究匮乏，本课题将尝试对中学教师知识评价路径进行深入探讨。

（四）知识可视化的相关研究

知识可视化是在数据可视化、信息可视化基础上发展起来的新兴研究领域，研究逐渐引起学术界关注（张杰，2016）。国内知识可视化研究整体处于起步阶段但发展速度逐步加快（孙雨生、朱礼军，2015）。"知识可视化"一词最早出现在2005年（赵国庆，2005），目前，有关知识可视化的研究主要集中在两个方面。一是理论研究，主要包括知识可视化的定义、本质、理论基础、框架构建、视觉表征等（赵国庆，2005、2009；袁国明、周宁，2006；王桂才，2010；刘伟，2012 等）；二是实践应用研究，主要涉及知识可视化的实现方法、软件工具、应用领域、知识组织与管理等（朱德利，2006；张天凤，2013；钟达，2010；段维清，2007 等）。

　　研究显示，知识可视化研究的发展趋势呈现出知识创新应用（聂丽娜，2010）、工具互通互用化（黄荣怀，2008）、表现形式多维化（牛雪飞，2009）、交互方式智能化（龚建华，2008；王伟星，2009）等，需融合人工智能、知识科学、计算语言学和认知心理学等领域研究成果。其中，对知识可视化工具的研究显示，概念图和思维导图是两种比较常用的知识可视化工具（赵国庆，2005；朱新会，2014）。概念图作为一种知识组织和表征工具，是用视觉再现知识结构、外化概念和命题的一种具体方法。黎加厚认为，概念图是利用图示的方法来表达人们头脑中的概念、思想和理论等，是把人脑中的隐性知识显性化、可视化，便于思考、交流和表达。概念图能够表示知识体系中概念和概念之间的固有联系，还能表示学习者认知结构中已有的概念以及相互之间的关系。

　　（五）概念图功能及应用研究

　　概念图的研究领域和应用价值日益受到人们的关注，这与概念图的表征功能、发展功能和评价功能是密不可分的。将概念图应用于教师知识领域有两大优势：一是可以反映出教师掌握知识相关概念、把握知识特点和结构、产出新知的能力；二是从教师所绘制的概念节点上，使用者可以获知教师对概念意义理解的清晰性和广阔性（永刚，2004；赵国庆，2004）。目前，利用概念图捕捉专家知识已成为国外研究的热点（Novak，2008；Zanting，2001、2002、2003；Meijer，1999 等），国内也有研究者对利用概念图诱出专家知识进行了初步尝试（赵国庆、张璐，2009）。已有研究认为概念图的应用有以下几个目的：1. 检查教师的知识和信念 (Elbaz et al.，1986；Kagan，1990；Krause，1986)；2. 展现教师间知识和信念的不同 (Mergendoller and Sacks，1994)；3. 测量教育、经验或变革中教师知识和信念的转变 (Winitzky、Kauchak，1995)；4. 评估和自我评价教师的知识和信念 (Kagan，1990；Martin，1996)。

综上所述，现有研究对教师知识基础、类型、结构、发展规律等进行了探索研究，取得了一定的研究成果。但已有研究对教师知识的可视化路径及提升策略的可操作性研究略显不足，研究方法以理论思辨为主，本土化研究不足，实证研究不够规范；国内基于概念图的教师知识表征、发展与评价研究仍属少见，专门针对中学理科教师个体知识的实证研究更是阙如。本研究正是基于概念图的上述功能优势，将其作为一种主要的研究方法和工具，应用于中学理科教师个体知识的表征、发展和评价研究。

四、研究意义

在当前基础教育课程改革的大背景下，深入探讨中学理科教师个体知识的结构与水平，具有重要的理论意义和实践价值。

（一）理论意义

首先，中学理科教师个体知识内涵及表征方式研究，丰富了教师知识基础的研究。其次，中学理科教师个体知识的评价研究，进一步完善了教师知识结构的理论研究。第三，将概念图应用于中学理科教师个体知识评价，从新的视角来揭示教师专业发展的规律，进而促进中学理科教师教育理论研究的深入。第四，构建了概念图评价指标体系，为其他研究者开展概念图评价研究提供方法参考和必要的启示。

（二）实践价值

首先，有助于提升中学理科教师对课程改革的认识。教师在课程改革中会扮演不同的身份和角色，如果忽略教师是一个主动且能使用个体知识的角色，将不利于教师对课程改革的理解。因为，课程改革的理念、目标最终要落实到课程实施过程之中，即教师的课堂教学中，需要教师对课程更深入的理解，具备相应的个体知识。其次，有助于中学理科教师课堂教学行为的优化。第三，有助于中学理科教师个体知识的发展。第四，有助于中学理科教师专业发展。第五，利用概念图评价中学理科教师脑海中的知识结构，丰富了我国应用概念图评价教师知识的实证素材。第六，研究的结果可供师范院校参考，这对师范院校制定课程计划、改革教学方式大有裨益。第七，部分研究成果可为在职教师培训机构提供理论参考和技术支撑，为教师培训方式的多元化、实用性和可操作性奠定基础。

五、研究思路

本研究的整体思路是围绕中学理科教师个体知识的构成进行理论探讨和实践考察的基础上做出评价，然后基于中学理科教师个体知识的评价结论进行个体知识发展的个案研究，本课题的具体研究思路如下：

首先，通过文献资料的整理、分析，确立研究框架、提出基本假设，进行中学理科教师个体知识的立体构建，明确中学理科教师个体知识的含义、特点、类型及其影响因素等。其次，与一线教师、课程专家、教育管理人员座谈，在此基础上对研究框架和基本假设进行修正，并设计深入访谈提纲、课堂观察表、概念图指标体系等。接着，进行调查及试测，并对概念图评价指标体系进行再次修订完善。然后，开展实证研究，分批次、随机抽样选取中学理科教师，针对不同教师个体知识内容主题开展案例研究，进行概念图绘制技术的培训及评价，并结合深度访谈，收集、整理资料，处理相关数据，评价中学理科教师个体知识的构成、应用特点、来源及影响因素等。最后，在理论研究、概念图表征和评价的基础上开展中学理科教师个体知识发展的个案研究，形成中学理科教师个体知识研究的基本结论，并提出切实可行的教师个体知识发展策略，总结以教师个体知识为基础的教师专业发展新模式。

六、研究方法

本研究在方法选择上坚持理论联系实际的研究过程与思路。理论部分的研究以文献分析、比较研究为主；实证部分采用了混合研究设计，综合运用定性与定量的方法，相互补充，得出研究结论；最后，在理论分析和实证研究的基础上，阐述本研究的结论、启示与建议。本研究采用的主要研究方法包括文献分析法、概念图法、访谈法、课堂观察法和案例分析法等。

文献分析法。在一项教育研究工作开展之前，首先必须进行大量文献资料的查阅，从而获得与该研究相关的信息。本研究在广泛查阅国内外与教师知识研究相关的学术论文、论著、调查报告和音像试听等资料的基础上，对我国中学理科教师个体知识构成、个体知识评价研究情况进行了解；并通过文献分析与整理，对教师个体知识评价过程中所采用的方法及依据的方法论进行述评，从而构建本研究的理论基础。

概念图法。概念图是本研究的一个重要方法。主要体现在对中学理科教师个体知识的表征与评价方面。借助概念构图将中学理科教师个体知识表征出来，采用概念图所特有的评分方法和指标体系进行赋分，通过定性与定量两种方法进行数据分析与处理。

课堂观察法。本研究在采用协同教学研究模式促进中学理科教师个体知识发展的实践探索过程中，采用课堂观察法对中学理科教师进行了课堂教学观察，主要观察不同教龄、类别、层次教师的课堂教学行为表现，以此来了解教师在个体知识的应用方面的差别，即不同教师在不同的实际教学情境中使用了哪些知识，这一方面工作有助于在研讨访谈中提出针对性更强的问题。

访谈法。访谈属于教育调查法的一种具体方式，所谓访谈法是以口头形式，通过研究者和被研究者之间的接触、交流收集资料的研究方法。本研究的展开将访谈与概念图法贯穿始终，访谈法的使用具体包括与不同阶段教师的座谈、研讨和与抽样教师的深入访谈等。访谈法的优势就在于能够比一般的纸笔测验、问卷调查等更深入的了解、探索和描述教师的想法、认知结构与差异情况等。

案例研究法。为了评价中学理科教师个体知识现状，本研究以中学理科教师"探究教学""课程资源开发与利用"知识的概念图评价作为案例进行了深入研究；以中学物理学科协同教研模式为案例，对中学理科教师个体知识发展进行了实践探索，结合课堂观察与课后研讨等活动，可以反映不同阶段教师之间个体知识的差异情况。

第一章
中学理科教师个体知识构成的理论研究

第一节　基本概念界定

一、中学理科

广义上的科学课程涉及数学、技术乃至社会科学及校外科技等方面的理论与实践问题。狭义上的科学课程是指各级学校的自然科学课程[①]。在美国，科学教育指物理、化学、生物、地球科学四门科学的常识或基础知识教育。在我国，通常将物理、化学、生物这三门课统称为理科课程。因此，本研究的中学理科，主要指初中科学或初高中物理、化学、生物、地理等学科。

二、教师个体知识

（一）知识

对于什么是知识，目前还没有一个公认的定义。一般意义上而言，知识被表述成"人们在社会实践中所获得的认识和经验的总和"。[②] 也有研究者对知识概念进行尝试性的教育学解说，认为"知识是人们在实践基础上产生，可以进行某种言说的、种族和个体对内外部世界的认识、体验、操作经验"。[③]

理性主义者认为知识是先验的，属于与生俱来的天赋观念，它们是自明的、无误的，人们通过理性推演就可以形成普遍必然的知识体系。经验主义者则反对理性主义的天赋观念说，认为一切知识都来自经验，是人们对外界事物的忠实反映，是通过感知，经由归纳的途径获得的一般原理。[④] 尽管理性主义和经验主义在许多方面表现出对知识的不同理解，但他们都追求知识的客观性、普遍性与价值中立性。简单来说，所谓客观性是强调认识对象独立于认识主体的意

---

①　肖甦. 比较教师教育 [M]. 南京：江苏教育出版社，2010：10.

②　中国社会科学院语言研究所词典编辑室. 现代汉语词典（第五版）[M]. 北京：商务印书馆，2005.1746.

③　潘洪建. 教学知识论 [M]. 兰州：甘肃教育出版社，2004.11.

④　周晓亮. 西方近代认识论论纲：理性主义与经验主义 [J]. 哲学研究，2003（10）：49.

志之外，是一种自在的"实体"；普遍性指知识可以超越不同的社会和个体的限制，可以得到普遍证实和接纳；价值中立指知识是纯粹的经验和理智的产物，与主体的情感、态度、价值取向无关。

后现代主义的兴起，进一步消解了知识的普遍性、客观性与价值中立性等特征，研究者提出了一种对知识的全新观点，有学者称之为"后现代知识型"[①]。在这种知识型的视野里，任何知识都是存在于一定的时间、空间、理性范式、价值体系、语言符号等因素之中的，任何知识的意义都不仅是由其本身的陈述形式来给定，更是由其所位于上述的整个意义系统来赋予的，离开了这个特定的境域或意义系统，既不存在任何的知识，也不存在任何的认识者和认识行为。激进的建构主义者认为，知识是由个体的心理建构构成的，它不是被看作对外在世界的特征的某种真实的复制，而是个体的建构。知识本质上是被"创造"的而不是被"发现"的。

大体来看，知识概念与很多概念密切相关，人们经常不加区分地加以使用知识概念，其含义大多根据具体的语言环境而定。人们对知识的理解从客观、普遍、价值中立逐步走向知识是由主体建构的，具有个体特性与充满价值关怀等特征。哈耶克曾说："知识只是作为个人的知识而存在。所谓整个社会的知识，只是一种比喻而已。所有个人知识的总和，绝不是作为一种整合过的整体知识而存在的。"[②] 其实，在教育领域中更是这样，教师的知识很大程度上就是教师个人的知识。

（二）个体知识

从知识的主体性视角切入，可以将人类社会的知识总体划分为个体知识和公共知识两个范畴。[③] 人在本质上是一切社会关系的总和，这是对个体知识和公共知识进行分类和划界的一个基本尺度。当我们谈论个体知识时，主要强调

① 石中英.知识转型与教育改革[M].北京：教育科学出版社，2001.
② [英]哈耶克.自由秩序原理（上）[M].北京：生活·读书·新知三联书店，1997：22.
③ 于文森.个体知识与公共知识——课程变革的知识基础研究[M].北京：教育科学出版社，2010.20.

的是知识的主观性、个人性和个体建构性。个体知识是个人认识主体性、能动性的直接体现。个体知识所倡导的是一种重过程、重体验、重感悟的认知方式。

（三）教师个体知识

教师个体知识是指教师在教育教学过程中拥有、使用的，能够影响其教学行为，乃至教学效果的全部知识。从教师个体的角度去研究教师知识的原因主要体现在以下三个方面：一是教师日常教学工作主要是由个体去完成，并且在教育教学活动中，教育教学的效果受教师个体的影响较大。二是教师个体知识具有一定的独特性，是针对某个教师个体独有的，带有主观、私人的因素，教师个体知识是一种具有个人特征的知识。三是教师个体知识还强调教师个体在实际教育教学活动中对拥有知识的运用情况，更加强调个体对知识的使用；对于同一知识，不同的教师对于知识的理解和讲授也会展现不同的效果。

第二节　教师个体知识研究的理论基础

一、建构主义教育理论及其启示

（一）建构主义教育理论的主要观点

"建构主义"是 20 世纪 90 年代后期出现的一种哲学思潮，是基于认知主义的进一步发展。建构主义理论的主要代表人物有：皮亚杰 (J.Piaget)、科恩伯格 (O.Kernberg)、斯滕伯格 (R.J.sternberg)、卡茨 (D.Katz)、维果斯基 (Vogotsgy)、格拉塞斯费尔德（Von. Glasersfeld）等。建构主义理论发展至今，还未形成统一、稳定的体系，其分类方法也是多种多样的，呈现出社会性的建构主义、信息加工的建构主义、激进建构主义等几种典型的样态。建构主义教育理论经过长期的理论探索和教学实践，形成了独具特色的知识观、学生观、学习观和教学观。

建构主义的知识观认为"知识并不能够对现实进行准确表征，它只是一种假设、一种解释，是无最终答案的"[①]。建构主义不再将知识看作是客观的和绝对的知识，而主要强调知识的动态性，认为个体的知识是由个人建构起来的。随着认知发展，知识是对具体情境再创造的，不同个体对知识的建构和理解也取决于不同情境下的学习历程，学习者是在具体情境下，以原有经验为生长点，建构出新知识的。建构主义的学习观指出，学习过程涉及同化和顺应两种机制，个体的学习是一种能动建构的过程。皮亚杰认为，学习并不是学习者获得越来越多外部信息的过程，而是学习者学到越来越多有关他们认识事物的程序，即建构了新的认知图式。学习者知识获取的多少，并不取决于记诵内容的多少，而是取决于学习者的建构能力。

对于知识的本质、来源和特征等问题，尽管建构主义者提出了许多不同的看法，但强调知识的建构性，知识形成过程的社会协调性，即知识不是被"发现"的，而是被建构的，这是建构主义作为一种新知识论的共同特点所在。知道知识是被构成的，对某些人而言会感到不可思议。在新知识的产生中，"发现"扮演着某种角色，但它绝不是创造某种新知识的活动。新知识的构成始于我们运用已掌握的概念对事物进行观察，任何事件不是自然发生就是人为发生的。风霜雨雪是自然现象，战争、社区是人为事件。可见，知识构成即涉及自然发生的事物，也涉及人为制造的事物。知识不能像煤炭和金子那样被发现，而只能像汽车、长城一样被人构成。[②]

由上可见，建构主义知识理论的基本观点就是：个体是在建构自己的理解，学习是一个建构过程。建构主义知识理论的重要问题就是解释，在知识发展中新的知识结构是怎样建构起来的，揭示了意义学习的基本过程。皮亚杰将生物中的"同化"概念推广到认知领域，认为："认知同化的特点是不断地根据以前的格式建构新的格式，或顺应以前的格式。一切认识的同化特点是在发生的或

---

① 温彭年，贾国英.建构主义理论与教学改革——建构主义学习理论综述 [J].教育理论与实践，2002（5）:17-22.

② 方展画主译.约瑟夫·D.诺瓦克，鲍勃.高温著.学会学习 [M].武汉：湖北教育出版社，1989.4.

建构的结构主义的意义上使一种建构主义认识论成为可能，因为同化就是形成结构。"①

（二）建构主义教育理论对本研究的启示

1. 对教师个体知识的研究应践行建构主义取向

由于知识具有不确定性，有时需要教师依据实际情况和个体已有经验对知识进行处理，而不是简单的照本宣科。而且有时候教师当下所具备的知识也满足不了教师的教学需求，教师需要与时俱进，不断更新个体在实际工作中所需要的知识，这时，就需要教师个体对自身知识的情况进行正确的判断和提升。中学理科教师个体也是学习者，也是认知主体和意义的主动建构者，教师个体应该充分发挥自身的主观能动性参与到知识的产生过程中，将新知识不断内化成为自身的个体知识。中学理科教师个体知识表征、发展与评价研究是一项复杂而又艰巨的任务，对教师个体知识的研究应践行建构主义取向，这有助于教师专业发展和推动课程改革顺利实施。

2. 概念图作为一种工具能够呈现教师个体知识的构建过程

概念图作为一种研究工具，可以很好地达成促进教师专业发展的教师评价目的。概念图有效地呈现了教师个体对知识的主动建构过程，跨越不同时间的概念图，表明个体不断地克服错误理解，建造和精致他们的认知结构。② 要求教师个体绘制概念图的过程，是让个体建构知识、建构意义理解的过程，概念图正是帮助个体完成知识建构的有效组织者。概念图能够体现知识的同化和顺应过程，伴随时间的推移，概念图中的分支数目、概念间的连接不断增多，这些都体现了个体头脑中知识的逐渐分化；概念图中横向连接的增多体现了个体头脑中知识的融会贯通；个体的概念图变得日趋复杂，体现了知识的连续性变

---

① J. 皮亚杰，R. 加西亚著. 姜志辉译. 心理发生和科学史 [M]. 上海：华东师范大学出版社. 2005:177-181

② 王立君. 概念图在促进认知和评估知识结构方面的理论与实证研究 [D]. 上海：上海师范大学，2008.13.

化。①

二、教师专业发展理论及其启示

（一）教师专业发展理论的主要观点

教师专业发展自 20 世纪 80 年代提出以来，经过 20 多年的理论研究和实践探索，已经发展成为世界许多国家教育研究共同关注的课题，是当今教师教育改革的主流话题。教师专业发展一般指作为专业人员，在专业知识、专业能力、专业思想等方面不断完善的过程，即由一个新手发展成为专家教师的过程。

从发展总趋势看，教师专业发展的核心就在于教师个体的专业发展。美国学者富勒以教师在其专业发展过程中关注事物的演变为研究对象，通过问卷调查的方式，提出教师专业发展的四个阶段，即执教之前的没有任何关注阶段、早期关注求生阶段、关注教学情境阶段和关注学生阶段。② 美国学者凯兹（L.Katz) 根据前人的概括提出了教师发展的四个阶段：求生期；强化期；求新期和成熟期。③Yarger 等人为了探讨不同阶段的教师发展需求，将教师发展划分为六个阶段，即师资生前阶段、师资生阶段、初任教师、发展中教师、实物教师阶段和资深教师阶段。④Fessler 依据多年研究教师生涯发展的成果，将教师生涯发展过程分为八个主要阶段，即职前教育阶段、实习导引阶段、能力建立阶段、热切成长阶段、挫折调试阶段、稳定停滞阶段、生涯低荡阶段和退休落幕阶段⑤。

饶见维将理想的教师专业发展进程划分为三阶段六个时期，即第一阶段：职前师资培育阶段，包括探索期和奠基期；第二阶段：初任教师导入阶段，包

————————

① Mintzes J J, Wandersee J H, Novak J D. Teaching science for understanding:A Human Constructivist View.San Diego, CA:Academic Press.1998:333.

② 肖丽萍. 国内外教师专业发展研究述评 [J]. 中国教育学刊，2002（5）.57-60.

③ [美] 凯兹. 与幼儿教师对话 [M]. 南京：南京师范大学出版社，2004. 206-215.

④ [美]Burden, P.R.Teacher Developmeng.In W.R.Houston(Ed.), Handbook of Reasearch on Teacher Education:A Project of the Association of Teacher Educators.New York:Macmillan.1990.316.

⑤ 王以仁，陈芳玲，林本乔. 教师心理衍生 [M].台北：心理出版社，1992.106.

括适应期和发奋期；第三阶段：胜任教师精进阶段，包括创新期和统整期。[①]
叶澜、白益民等人从"自我更新"取向对教师专业发展阶段及其特征进行了深
入研究，将教师专业发展划分为五个阶段：阶段一，"非关注"阶段；阶段二，
"虚拟关注"阶段；阶段三，"生存关注"阶段；阶段四，"任务关注"阶段；阶
段五，"自我更新"关注阶段。[②]

（二）教师专业发展理论对本研究的启示

1.职前教育是中学理科教师个体知识评价的一个重要阶段

职前教育阶段是一个教师在正式踏入教师职业以前的求学时期，应该包括
高中与大学，但更多人偏向于大学时期的培养。以往因职前教师的培养主要由
师范院校承担，因此一般习惯把进入师范院校的学生称为师范生或准教师。但
随着教师资格证考试制度的改革，这个名称所辖范围要适度扩大，不能仅限于
师范院校的学生。

有关教师专业发展阶段的研究观点很多，我们只选择了一些较有代表性的
观点进行简要介绍。通过分析国内外学者有关教师专业发展阶段的划分，可以
发现教师的专业性发展是一个持续不断的成长过程，其最终目标是达到专业成
熟，即成为一个比较成熟的教育专业人员。而这一教师专业发展进程中都少不
了职前培养阶段，因此要调查职前教师个体知识的现状与水平，从而为师资培
养提出切实可行的策略与建议。

2.教师专业发展不同阶段的个体知识会有所不同

中学理科教师个体知识是教师专业发展的重要要素和必要条件。从已有教
师专业发展阶段的划分与观点阐述来看，教师个体知识在教师个体的不同发展
阶段应该是存在差异的，到底存在哪些差异，启示本研究的进一步开展。教师
的个体知识会自动地对教学行为产生影响的程度与教师所处的发展阶段直接相

---

①　饶见维.教师专业发展——理论与实务 [M].台北：五南图书出版有限公司，
1996.125-126.

②　叶澜，白益民，等.教师角色与教师发展新探 [M]. 北京：教育科学出版社，2001：
278-308.

关。例如，一位教师从学生已有的经验导入一堂新课，新课的讲授以及最后的总结等这些行为都隐含着其个体的理解程度与水平。

3. 需要一种能表征差异的教师个体知识评价方法

教师专业发展理论启示我们在对中学理科教师进行个体知识评价过程中，需要采取一种能够表征不同发展阶段教师个体知识差异的评价方法。而运用概念图的方法对中学理科教师的个体知识进行评价，一方面能够通过教师对个体知识的掌握情况来了解他们的专业发展情况；另一方面，评价还可以表征不同发展阶段教师个体知识的结构、特点与差异，激励教师进行教学反思，从而有效促进其专业发展。

三、后现代主义课程理论及其启示

（一）后现代主义课程理论的主要观点

后现代主义课程理论是在后现代思想被引入教育领域后发展起来的，目前比较系统地论述后现代主义课程理论的有多尔、斯拉特瑞、卡普拉等人，他们从不同角度建构了风格不同、观点各异的后现代主义课程理论。[①] 这些课程理论的共同特征是用后现代主义思想批判了以泰勒为代表的现代课程范式。其中，美国的小威廉多尔是后现代主义课程理论的集大成者。多尔对以泰勒为代表的现代课程范式进行了详细的分析与批判，指出了现代课程范式的三大局限：简单化、累积性和封闭性。

针对泰勒课程设计模式的四个步骤，多尔提出了后现代主义课程理论"4R"标准，即丰富性（Rich）、回归性（Recursive）、关联性（Relational）、严密性（Rigorous）。

1. 丰富性

丰富性指课程的深度、意义的层次、多种可能性或多种解释。为了促使学生和教师产生转变和被转变，课程应具有"适量"的不确定性、异常性、模糊性、不平衡性与生动的经验。[②] 多尔认为，课程不应该是线性的、控制性的，而

---

① 靳玉乐，于泽元. 后现代主义课程理论 [M]. 北京：人民教育出版社，2005.9.

② [美] 小威廉 E. 多尔著，王红宇译. 后现代课程观 [M]. 北京：教育科学出版社 .2015.181.

应该有一定的干扰因素。与现代课程观念不同，在后现代语境中干扰因素是积极的存在，由于有不确定的干扰，课程系统才能有发展的空间。而丰富性的形成可以通过在课程中，对问题的各种解释之间的对话和协调中获得。通过对话、解释、假设等环节，课程中各个方面才是开放的。

2. 回归性

回归性指的主要是"回归性反思"。回归旨在发展能力——组织、组合、探究、启发性地运用某物的能力，它的框架是开放的。[1] 任何一个小的片段都可以作为一个终点，也可以作为一个新的起点，并且都可以作为一个反思的机会，通过回归性反思，整个课程就会如布鲁纳认为的那样，呈现出螺旋式上升的态势。与促进丰富性相同，回归性依然强调对话的重要作用。多尔认为同伴、教师对自身的考察和评价等对话行为，能够促进个人进行反思性回归，对话是反思的绝对必要条件。

3. 关联性

关联的概念对后现代转变性课程具有重要意义。[2] 联系有时是偶然的，但却可能是转变性的。关联体现广度，而回归性则能够促进课程的深度，随着时间的推移，课程会变得越来越丰富。这种关联性，并不是靠课程设计出的框架关联的，而是通过课程的对象，即课堂社区以类似自组织的形式创造的。例如可以将课程的内容与学生自己进行关联，要求学生对固定的教材内容重新组织并呈现。学生通过这种将材料与自己的联系，转变自身的认知。文化联系则启示我们放下教师权威的姿态，与学生展开有意义的，学生能够真正文化参与的对话。

4. 严密性

严密性是防止转变性课程落入"蔓延的相对主义"或感情用事的唯我论。[3] 在具体的情景中，严密性可以有不同的表现，但目的都是相同的。后现代课程

---

[1] ［美］小威廉 E. 多尔著，王红宇译 . 后现代课程观 [M]. 北京：教育科学出版社 .2015.183-184.

[2] ［美］小威廉 E. 多尔著，王红宇译 . 后现代课程观 [M]. 北京：教育科学出版社 .2015.184.

[3] ［美］小威廉 E. 多尔著，王红宇译 . 后现代课程观 [M]. 北京：教育科学出版社 .2015.187.

指导我们不要把最终获得一个结果作为目标，而是将各种观点联结起来，寻找尽可能多的组合。这种情景中，严密性就是指有目的地避免寻找统一结论的封闭观点，而是寻找不同的关系，拓展选择方案；在对待解释时，严密性指关注解释背后的假设，将这些不同假设加以沟通协调，形成对话。

（二）后现代主义课程理论对本研究的启示

1. 在后现代的转变性框架中应明确评价目的的多元性

在现代主义框架中，评价的目的主要是用于区分，依据设定的一种标准或特定的成绩水准来区别胜利者和失败者。在后现代主义框架中，评价仍可继续发挥这种区分的功能，但评价更应成为共同背景之中以转变为目的的协调过程。评价应是共同进行的、相互作用的，应将评价作为一种反馈，作为"做—批评—做—批评"这一循环过程的组成部分。[①] 本研究尝试借助于概念图呈现中学理科教师的个体知识内容与结构，反馈给教师，通过访谈等发展教师个体的知识水平和能力。

2. 中学理科教师的个体知识应具有丰富性和解释性等后现代特征

教师个体知识丰富性直接影响课程教学的丰富性。在现代课程背景下，很多教师理解的知识是绝对的，封闭的。例如对于在引导学生探究时，很多教师生硬地理解探究过程即提出问题、猜想与假设、制定计划等七个步骤，并没有理解这一探究过程表述仅仅是对探究的一种"解释"，探究并不拘泥于这一种过程。很多知识可以是多解释的，存在不确定性的，允许干扰因素存在的。因此本研究可以考虑通过概念图评价方法考察中学理科教师个体知识的丰富性。

3. "对话"行为能够促进教师反思知识

"对话"在这里包括教师和同行间、和学生间、和研究者间的对话，这种对话过程实际是对教师评价的过程，教师在对话中能够反思教学实践，并将反思回归，继续作用在教学中。例如，任何一次学生作业都能够作为一个反思的终点，同时是下一阶段的起点，教师在这样的循环过程中，螺旋式上升。因此对

---

① ［美］小威廉 E. 多尔著，王红宇译 . 后现代课程观 [M]. 北京：教育科学出版社 .2015.179.

话是了解、评估、发展教师个体知识的重要途径，本研究在实践探索中构建的中学理科教师个体知识发展模式，特别强调各个阶段"对话"活动的安排与有效开展。

4.将知识与自身关联是教师真正理解个体知识的关键

在实际教学中，学生是否能将知识建构，形成自己的认知图式的一个关键的影响因素是教师自身是否已经真正理解个体所拥有的知识，将其同自身关联起来。例如，一位物理教师能否从自身角度出发，解决当体积相同，质量不同的物体在相同高度落地，时间相同这一物理现象的疑惑，将影响其教学设计和实施，进而影响学生学习效果。

四、波兰尼"个人知识"理论及启示

（一）波兰尼"个人知识"的主要观点

波兰尼于其代表著作《个人知识》中首次提出了"默会知识"这一词语。他认为人类的知识有两种，一种是被他称为明确知识，指的是通常所说的知识，以文字、图标和数学公式加以描述的知识；另外一种是默会知识，是那些未被描述的知识，像我们在做某事的行动中所拥有的知识。默会知识不是一种神秘的经验，它虽然难以用言语来充分表达，但不是对这类知识完全无法言说。波兰尼认为默会知识的本质是一种理解和领会，对经验的把握和重组，最后实现对它的理智控制的能力[1]。波兰尼的个人知识观主要有三个特点：第一，知识既具有客观性，又具有个人性，是主观性和客观性的统一。第二，知识具有默会性，是显性知识和隐性知识的统一。第三，知识具有情感性，是一种信念，是一种求知寄托[2]。

（二）波兰尼"个人知识"对本研究的启示

通过对波兰尼默会知识的研究，了解到那些难以用言语表达的知识对于教师个体知识的发展是必不可少的。它更能展现教师将书本知识转换成实际教学

① 孙崇勇，李淑莲. 认知负荷理论及其在教学设计中的运用 [M].北京：清华大学出版社 .2017:12.

② 周福盛. 教师个体知识的构成与发展 [M].北京：科学出版社 .2016:93-97.

的能力。因为在教师的教育教学中，教师除了要为学生讲解清楚书本上的基础知识，更需要将这些书本上的知识经过个人的加工转化，转化成具有教师个人特色的教师知识。所以，要想全面了解教师个体知识既要了解他们的理论知识，还要了解到教师个体在实践过程中对理论知识转化为实践的能力。而且知识的获得一部分源自教师个体在参与教育教学实践活动中获得的经验和能力，不同教师个体具备的能力不同，吸收知识和传授知识的能力也就不同。另外，教师个体知识中的教育信念、教学能力等对于教师个体的教育教学工作都有一定的影响。因此，本研究会通过聚焦课堂的协同教学研究模式的实践探索，进一步总结中学理科教师个体知识的发展情况。

第三节　中学理科教师个体知识阐释

一、中学理科教师个体知识的内涵

对于中学理科教师个体知识的概念，本研究尝试给出一个描述性的解释。中学理科教师个体知识是指初、高中学段理科教师在教育实践活动中所获得的为个人所拥有的经验、体验和信念的整合体。经验强调中学理科教师个体知识来源于个体的经历与实践，存在着大量的隐性知识；体验表达了教师个体伴随着教育活动产生的情感、态度等；信念是指教师个体对外在的各种知识加以内化、理解、确证后的观念。中学理科教师个体知识不仅包括基础知识（如教育本质、目标、价值等），还包括教师解决教育教学问题的个人经验知识，以及这些知识是如何发展的知识。

在本研究中，参照 2012 年教育部颁布的《中学教师专业标准（试行）》①的基本内容，明确中学理科教师个体知识的主要内容包括教育知识、学科知识、学科教学知识和通识性知识，具体内容详见表 1-1。

---

① 　中华人民共和国教育部 . 教育部关于印发《幼儿园教师专业标准（试行）》《小学教师专业标准（试行）》和《中学教师专业标准（试行）》的通知 [EB/OL] .[2012-09-13][2021-5-1] http://www.moe.gov.cn/srcsite/A10/s6991/201209/t20120913_145603.html.

表 1-1　中学理科教师个体知识的主要内容统计表

中学理科教师个体知识	教育知识	1. 掌握中学教育的基本原理和主要方法。 2. 掌握班级、共青团、少先队建设与管理的原则与方法。 3. 掌握教育心理学的基本原理和方法，了解中学生身心发展的一般规律与特点。 4. 了解中学生世界观、人生观、价值观形成的过程及其教育方法。 5. 了解中学生思维能力、创新能力和实践能力发展的过程与特点。 6. 了解中学生群体文化特点与行为方式。
	学科知识	1. 理解所教学科的知识体系、基本思想与方法。 2. 掌握所教学科内容的基本知识、基本原理与技能。 3. 了解所教学科与其它学科的联系。 4. 了解所教学科与社会实践及共青团、少先队活动的联系。
	学科教学知识	1. 掌握所教学科课程标准。 2. 掌握所教学科课程资源开发与校本课程开发的主要方法与策略。 3. 了解中学生在学习具体学科内容时的认知特点。 4. 掌握针对具体学科内容进行教学和研究性学习的方法与策略。
	通识性知识	1. 具有相应的自然科学和人文社会科学知识。 2. 了解中国教育基本情况。 3. 具有相应的艺术欣赏与表现知识。 4. 具有适应教育内容、教学手段和方法现代化的信息技术知识。

二、中学理科教师个体知识的基本类型

根据不同的标准和目的，可以将中学理科教师个体知识划分为多种类型。

（一）公共知识与个人知识

依据知识的所有权，可以将中学理科教师个体知识划分为公共知识和个人知识。公共知识是整个教师群体所共有的知识，可以通过书本和大众传播媒介等途径表现出来，例如课程改革、课程理念、课程标准、教科书等；个人知识是独特的，归教师个人所有的，是教师对诸种课程重建的结果，隐性知识一定意义上都应属于教师的个人知识。本研究通过概念图评价教师头脑中的知识情况，我们要研究的教师个体知识主要是教师的个人知识。

（二）理论知识与实践知识

中学理科教师的理论知识主要来源于教师个体获取的间接经验，是一种已编码、可储存，并能通过一定的语言符号加以表述的知识。理论性知识大都是教师通过学习、培训、阅读等活动将物化的公共知识"据为己有"。换言之，是中学理科教师将教育领域的理论、原理等内化为个人所拥有的理论性知识。中学理科教师的实践知识，是教师内心真正信奉的，并在教育教学实践活动中实际使用或表现出来的知识，它通常是从实践中获得并在实践中得到确证，中学理科教师实践知识属于隐性知识的范畴，但又与具体的情境相联系，是在实践中形成的。在教师个体长期从事的实践活动中，个人化的经验、技巧、技能会在不知不觉中形成，个人的工作技能和水平便会随之提高，这是个人隐性知识形成的基本途径。

（三）显性知识与隐性知识

借鉴哲学研究成果，英籍匈牙利哲学家波兰尼提出将知识分为显性知识与隐性知识。"显性知识"，是能用语言、文字等诸种符号表达的知识；"隐性知识"是教师个体知识中那些只能意会却无法言传的知识，是教师日常教育教学活动中习以为常不再追问的知识。显性知识和隐性知识相当于"所倡导的理论"和"所采用的理论"。所倡导的理论并不一定就是教师所采用的理论，前者只有转化为后者才能对教师的观念、行为起直接作用。因此，隐性知识在中学理科教师的教育实践活动中是非常重要的。

三、中学理科教师个体知识的发展阶段

从纵向来看，我们认为，中学理科教师个体知识的发展可以划分为四个阶段，包括理论学习阶段、经验内化阶段、实践探索阶段和自主创生阶段。

（一）理论学习阶段

理论学习阶段是教师个体知识发展的最初阶段，主要是指准教师或刚入职的新教师群体开始真正接触教育，从不了解到渐渐熟悉。在理论学习阶段，教师通过各种途径的学习将物化在文本中的公共知识转移到自己的头脑中，成为个人的知识。依据方式不同，教师个体知识的理论学习主要有三种，一是个体

搜集查阅资料；二是参加学术活动；三是参加培训。

处于理论学习阶段的教师只是具有认识教育材料的知识，能够按照教育设计者开发的材料进行实践，以忠实地反映理论设计者和开发者的意图为目标，评估、选择与组织适用于教学情境的课程材料。教师知道这些教育理念、原理、目标等是正确的，但并没有完全理解和内化为教师个人所有，教师个体知识还比较零碎，只是停留在口头上，教师学习所获得的知识对其课堂教学行为并不会产生很大影响，换言之，处于理论学习阶段的教师教学行为仍会带有很大的盲目性和偶然性。

（二）经验内化阶段

处于经验内化阶段的教师一般也是指入职不久的新手教师，这些新教师的概念性知识开始与教学经验相融合，已经意识到不同的教育活动的共性，会运用一些知识来调节和控制自己的课堂行为。很多教师在学习理论知识以后，了解了课程与教学的涵义、结构、理念、目标等内容，知道这种知识对人的发展是好的，想要通过个人的理解，将理论学习阶段接触的知识内化，转化为个人的知识，支配其教学行为。由于教师个人的受教育经验、生活形态、家庭因素、工作经验等影响，教师欲将理论学习阶段的知识顺利内化为个人知识，前提是教师必须有意识地学习理论知识，并有意愿将这些知识应用于教学实践的内心需求。内化知识是教师个体知识发展的必然阶段，因此，教师要重视对理论知识的领会与内化。教师可以通过参与或组织小课题研究、与同事交流、撰写教学日志等形式反思其理论知识，通过教育实践活动检验内化的程度。

（三）实践探索阶段

实践探索阶段主要指具有一定工作经验的成手教师通过实践、反思等形式帮助其进一步理解个体知识，并能在教育实践活动中探索运用。这一阶段的教师具有发展教育教学材料的知识，能够根据所面对的学生、环境、条件等对预设的教学方案、素材做出灵活的调整。比如，关于科学探究教学的理解与实施，不会像理论学习阶段的教师那样模式化、步骤化的涉猎七个探究要素，而是会在课堂时间有限的情况下，有所侧重地选择几个探究要素，从而既调动了学生的学习兴趣与课堂参与程度，又圆满完成了教学任务。可见，由于长期在教学一线摸爬滚打，处于实践探索阶段的教师不再是教学计划的被动实施者，而是教学计划的积极改造者，但还不是自主发展者。

（四）自主创生阶段

中学理科教师个体知识经历了前三个发展阶段后，进入自主创生阶段。自主创生阶段的教师了解如何规划、设计一份内在一致的、完整的学习方案。已有的课程计划只是这套学习方案中可供选择的媒介之一，是师生进行经验创生的可利用的资源之一，它仅仅为师生创生新的课程经验提供一种参考框架。处于自主创生阶段的教师不再是教育专家设计课程的接受者，而是自己的课程的创新者和建构者。自主创新阶段的教师是在构建个人的知识，教师个体在教育实践活动中发现问题，通过自己的研究提出问题、研究并解决问题，最终形成自己的个体知识体系。

中学理科教师个体知识从理论学习、经验内化，到实践探索、再到自主创生是一个连续递进的发展过程，与个体知识这四个发展阶段相对应的教师可称为复制者、调试者、实践者和创生者。复制者是指处于"将教育专家的理论观点和现成的教学材料等拿来就用"的机械照搬阶段的教师；处于创生阶段的教师不再是教育专家设计课程的接受者，而是自己课程的创造者和建构者；而处于复制者和创生者之间的即为调试者和实践者阶段的教师，这两个阶段的教师能够根据所面对的实际情境对预设的课程方案做出相应的调整。如果教师能达到自主创新阶段，那这些教师已经具备了丰富的教育领域知识。总而言之，中学理科教师个体知识的发展是从可意识的、零散的理论学习、活动体验等概念性知识向直觉的、融合的自主创新知识发展，从而很轻松、流畅地达成课程与教学目标。

第二章

中学理科教师个体知识评价的理论探讨

第一节　教师个体知识评价范式演进

评价是人类思想建构的最高层次，是知识、观念与客观事实相结合的系统化与结构化产物，其难度和复杂程度可想而知。近年来，评价已成为教育理论和实践中极其活跃的一个组成部分。什么是评价？目前，在学术界对评价概念还没有统一的界定。在《教育评价词典》中的定义是"对人或事物的价值作出判断，依据一定的价值标准，通过系统地收集资料，对评价对象的质量、水平、效益及社会意义进行价值判断的过程"[①]。国外学者尼沃认为，"评价是对某些对象的价值和优缺点的系统调查和评估"[②]。我国学者陈向明认为，"所谓评价，是一定事物或对象的价值在人们意识中的反映，离开对价值的反映，就没有什么评价活动可言"。

作为一种专门术语，"范式"是由美国著名的科学哲学家库恩在其"必要的张力"一文中首先引入的。1962 年，库恩出版了其经典著作《科学革命的结构》，从而使"范式"一词广为流传并逐渐应用于各门学科的研究中。虽然由库恩首创"范式"这一概念，但他并没有给出明确的定义，根据库恩使用的情况，可以看出"范式"与"科学共同体"这一概念密切相关，"范式就是指科学共同体用基本一致的思维方式来研究统一领域的特定问题，简言之，范式代表了一种近乎固定的问题解决方法。范式不是理论，但范式对理论的形式起着很大的作用。"[③]梳理教师知识评价研究的范式演变，对于概念图作为一种教师个体知识评价方法的使用具有重要意义。

---

① 陶西平. 教育评价词典 [M]. 北京：北京师范大学出版社，1998.55.

② Nevo D.The conceptualization of evaluation:An annlytical review of the literature.Review of Educational Research，1983，Spring.

③ 崔允漷. 范式与教学研究 [J]. 课程· 教材· 教法，1996（8）：52-54.

一、实证主义教师个体知识量化评价

19 世纪末期开始，实证主义作为一种时代潮流逐渐融入科学领域研究的各个方面，并在方法论上深刻地影响了评价理论的产生和发展。作为一种哲学思想，实证主义逐渐成为社会科学的一种主流研究范式，实证主义遵循自然科学的研究思路与方法，认为事物内部必然存在着普遍的因果关系，对事物的研究就是要寻找这些因果关系，从而建立起规则的知识体系。实证主义范式影响下的教师个体知识评价研究，最突出的特点就是对量化评价方法的高度推崇。

（一）量化评价的含义

所谓量化评价，是一种运用量化统计方法对收集的资料进行分析与处理，进而对评价对象作出价值判断的评价方法。量化评价是实证主义方法论的直接产物，量化的评价方法强调信度和效度，强调方法是为达到目标而使用的技术，在实证主义方法论体系影响下，量化评价过程具有以下四个特点。一是客观性。二是价值中立，实证主义者强调事实与价值是相互独立的，不能相互渗透，主体可以通过对一定工具的操作而获得对客体的认识；强调必须摒除先入为主的观念判断或价值取向，应只对客观事物进行描述，以使研究达到客观。三是因果性，实证主义遵循自然科学的思路，认为事物内部存在着"如果满足……条件，就会发生……事情"的普遍规律，对事物的研究就是要寻求这些因果关系。四是定量化，随着自然科学、数学等日益成熟，观察、调查、实验、测量、统计等量化研究方法和手段在教育研究中的运用日益成熟。[①]

（二）量化评价的常用方法

一般而言，量化评价的常用方法包括观察法、实验法、测量法、问卷调查法等。在运用不同的量化评价方法时，应注意不同方法之间的差异，以便合理恰当地加以使用。

1. 观察法

"耳听为虚，眼见为实"已成为人们的一种常识。想要知道教师教学工作中

---

① 冯建军. 教育研究范式：从二元对立到多元整合 [J]. 教育理论与实践，2003（10）：9.

什么知识起着重要作用，可以通过日常观察和课堂观察等方式，认真记录，并从大量的观察和记录中归纳，然后建立自己的理论。某种意义上，观察是必要的，但并不是所有观察到的都是可信的，都是真实的。例如，课堂观察中看到两位教师的教学行为完全一致，但很有可能是一位教师在模仿另一位教师。可见，在研究教师知识领域的相关问题时，观察法的使用是有一定的局限性的。首先，观察是一种被观察者的理解、喜好和信念等所"过滤"过的。其次，看到的未必是真实的。再次，观察数量也会受到人力、物力等因素的限制。

2. 实验法

仿效科学研究范式，在教育研究中引入了实验方法，需要仔细选择实验组和控制组，同时对样本量的要求也要足够大，严格控制研究过程中无关变量干扰，如此才能得出令人信服的研究结论。例如，伯利纳就通过实验法对教师知识进行了研究，认为专家教师比新手教师具有结构更好的关于课堂事件的图式。[①]但实验法忽略了每个个体鲜明的独特性和差异性。

3. 测量法

测量法是根据某种标准或规则把所观察对象的属性进行数值化，从而表明待测量对象通过活动所达到的程度或量的多少的研究方法。[②]测量法是进行教师课程知识评价的基础，是一种获得量化资料的工具与手段，量化评价是对测量结果的一种解释过程，如果不依据测量结果进行价值判断，测量就失去了意义。测量的工具主要包括各种教师知识评价量表，根据评价者所要评价内容和评价对象的特点而编制的相关测量量表。

4. 问卷调查法

调查法是通过问卷问教师一些问题，相比于观察法而言，可以开展大规模的问卷调查研究。通过对调查数据的分析处理，设法寻找可以量化的证据，用数据说话。但问卷调查法本身的局限性仍很明显。例如，两位教师在回答"是

---

① Peterson, P.L., Clark, C.M..Teachers' reports of their cognitive process during teaching[J]. American Educational Research Journal，1978，15:555-565.

② 涂艳国．教育评价 []．北京：高等教育出版社，2007：132.

否了解课程标准的相关内容和要求？"的问题时，两位教师即便都回答"是"，但他们所想的也许是不同的，其中一位教师的确很熟悉课程标准，而另一位可能是出于国家课程改革的背景而选择了"是"，但实际工作中根本不关注课程标准的相关内容和要求。可见，问卷中的问题确实也会引起人们对事实和解释产生意见分歧的许多新问题，因此，结合问卷的进一步追问，可能会是更有效的研究。

（三）量化评价的优势与不足

量化评价以定量的方式，对教师知识加以数量规定，通过对教师及其知识特征信息进行数量等值化，对收集的数据进行分析、综合与推理，从而对教师知识发展情况做出判断。随着教师知识研究的深入和系统，在舒尔曼等人的教师知识基础分类研究的基础上，很多人开始对其中的学科知识、学科教学知识、教学知识等各种具体知识类型的发展、影响因素等进行实证研究，用到的具体方法如观察、实验、问卷调查、量表编制等。量化评价的优点是能够获取相对比较客观和精确的数据，有利于不同教师之间知识水平的比较和评价。量化评价的标准化、精确化程度都比较高，因此，能够对教师知识现状的因果关系作出比较精确的推断，从而保证结论更为客观和科学。量化评价方法的不足主要体现在：过分强调评价的客观性一面，而忽略了评价主体性的一面；过分注重评价结果，而忽略了评价过程；过分强调评价指标的量化，而忽视了情感、态度取向等不容易量化的指标。由于量化评价获得的结果过于抽象和概括，一般不利于对中学理科教师个体知识评价中发现的问题进行深入的分析与挖掘，难以对教师个体知识评价提出切实可行的操作性建议。

二、人文主义教师个体知识质性评价

19世纪中叶，随着人们把实证主义当作唯一正确的研究范式，使人文社会科学丧失了它的独立性。以韦伯为代表的一批有影响的社会学家开始和自然科学斗争，认为人文科学与自然科学有着巨大的差异，自然科学的研究对象是自然，而人文科学的研究对象是人，若想研究"教育"活动就不能不涉及人的精神状态。因为个体正是在"教育实践"中，从各自不同的视角"领会"经验的意义、设法去理解，进而在不同的事物或活动中找寻价值，可见，教育实践是无法用一般的规律或者理论去把握的。正是因为这个原因，教育研究中的一种截然不同的研究范式开始流传起来，即人文主义研究范式。该范式强调每个人对事物的感知和理解都是独特的，以至于做比较重要的一般化理解都是不可能的。至此，科学主义和人文主义对教育事实属性、研究目的、研究方法、研究者与研究对象之间的关系等构成了对立的两极。具体体现在以下几个方面。

首先，科学主义研究范式相信"客观实在"，而人文主义研究范式否认这一点。其次，科学主义研究范式相信研究者和研究对象是分开的，而人文主义研究范式模糊二者之间的区分，否认价值中立，认为研究结果是通过研究者和研究对象之间的互动被建构出来的。第三，科学主义研究范式把研究者从研究对象中分离出来的过程中，认为真理是研究结论与独立于研究者而存在的事实之间的吻合；人文主义研究范式与此相反，认为"真理"是研究者与研究对象之间建构的"共识"。最后，与科学主义研究范式强调"定量"（以经验主义和实证主义哲学为理论基础）不同的是，人文主义研究范式多为定性研究，研究的理论基础包括符号互动主义、现象学、人种学、解释学等。"理解"和"诠释"是人文主义研究范式所遵循的独特方法论，具体的教育研究方法有质的研究、叙事研究、行动研究、生活史研究、教育人种志研究等。

（一）质性评价的含义

质性评价意味着评价者通过开放的形式获得各种信息，运用定性的方法进行价值判断。例如，教师知识评价中常用的参与式观察法、录像分析法、访谈、教师日志等方法。质性评价过程需要收集反映评价对象发展状况的丰富资料，对资料进行整理分析，并用描述性、情感性的语言对评价对象的能力发展和人文素养的进步作出评定。[1] 质性评价的目的不是甄别和选拔，而是注重评价过程和结果的改进与导向等功能。

---

① 涂艳国. 教育评价 [M]. 北京：高等教育出版社，2007：188-191.

美国教育家克龙巴赫认为，评价的重点应该放在教育过程之中，对教育决策给予必要的改进，而不是只关心教育过程结束之后目标达成的程度。斯塔弗尔比姆将教育评价定义为："评价是一种划定、获取和提供叙述性和判断性信息的过程。这些信息涉及研究对象的目标、设计、实施和影响的价值及优缺点，以便知道如何决策，满足教学效能核定的需要，并增加对研究对象的了解。"[①]他强调，评价最重要的意图不是为了证明，而是为了改进。1975 年，毕比将教育评价定义为："系统地收集信息和解释证据的过程，在此基础上形成价值判断，目的在于行动。"[②]毕比的教育评价概念表述深化了教育评价的含义，使得教育评价中的价值判断被越来越多的人关注与重视。

（二）质性评价的常用方法

1. 访谈法

针对观察法和调查法的局限性，似乎访谈法能够很好地解决这些问题。为了让开口说话的教师，回答的内容能与研究者的研究旨趣相关，很多研究者会采取结构化访谈提纲，但访谈过程却经常是半结构化的，因为要让被访谈者有充分的时间和空间解释自己的行为选择背后的诸多考虑。但是，访谈法也有其自身的局限性。首先，通过访谈归纳的结论仅适用于特定情景的人群。其次，访谈者也会从个人的理解和角度"过滤"被访谈者的回答内容，可能就会导致与被访谈者的信念或知识本身的不同。再次，访谈法也会受限于人力和时间。

2. 个案研究

个案研究是对特殊事物、行为、任务或案例进行比较系统深入的研究，对事件或活动的独特性强调，取决于参与者的意义所在。艾尔贝兹结合观察法、访谈法等多种方法对一位经验丰富的中学英语教师的实践性知识展开了个案研究。但是，这种强调研究对象独特性的同时，也使得研究者无法对研究的结果进行归纳。其实，个案研究也有诸多争议。首先，个案研究通常假设研究工作

---

① 李冲.知识效能与评价：制度分析视角下的大学教师绩效研究 [M].北京：科学出版社，2015.18.

② 瞿葆奎.教育评价 [M].北京：人民教育出版社，1998.263.

者是带着开放的心态融入研究中的，是要让数据开口说话。其次，来自个案研究的结论是不能直接推广到其他情境中去的。最后，研究的"客观性"，研究对象的"真实性"及研究结论是否是"真理"等问题，也是值得商榷的。

3. 叙事研究

国内学者陈向明认为教师在叙事和解决问题（例如，教师自己撰写案例）的过程中可以捕捉自己的实践性知识，研究者通过倾听教师的故事，继而采用叙事研究方式对教师实践性知识展开深入、系统的研究。康奈利和克兰蒂宁采用叙事研究方法对一位叫贝妮塔的教师展开了研究，通过教师的叙述或故事中推断教师的知识。[①] "故事、形象、叙述、叙事集以及实体的知识 (embodied knowledge)"[②] 成为教师知识研究的关注焦点，研究者们通过解读那些已经发生的系列事件，运用叙述故事的方式来揭示为什么教师在教学中会用这样的方法解决问题。叙事研究依赖标准而不是信度、效度和概括性，开展叙事研究所使用语言和标准也不是唯一不变的，每个研究者必须寻找最适合自己的标准并为其合理性辩护。叙事研究的局限就是简单地将知识的性质看作为教师对其课堂事件的知觉。

4. 行动研究

行动研究是一种更接近实践者的研究，而不是以研究者为中心。国内学者姜美玲通过"合作行动研究"方式，从活生生的教育实践中经历教育的诗情，从教师自觉或不自觉的教学行动中捕捉教师实践的灵感与智慧。行动研究的重要意义就在于原本"沉默的大多数"教师不再沉默，教师可以公开发表自己的见解，表达自己的观点，教师通过自己的行动验证自身固有的实践性知识并可以进一步提升和转化自己的实践性知识。舍恩、拉塞尔基于反思实践认识论，采用行动研究法，从行动中推断教师知识。关注从教师行动中梳理教师知识，但在随后的行动中如何探查这种知识的改变，显然是一项非常困难的任务。

---

① 李琼，倪玉菁. 西方不同路向的教师知识研究述评 [J]. 比较教育研究，2006（5）：76-81.

② Gary D. Fenstermacher. The Knower and the Known:The Nature of Knowledge in Research on Teaching，in Linda Darling Hammond(Ed.).Review of Research in Education，1994(20):3-56.

（三）质性评价的优势与不足

与量化研究对比，质的研究更注重对经验的阐释，研究者通过研究访谈、日记、现场笔记、自传材料、故事等手段来进行资料的分析与整理。质性评价的目的不在于得到一种普遍的、放之四海而皆准的结果，而是得到一种理解。

由于教师知识的类型与结构相当复杂，具有很大的模糊性，存在着很多难以量化的因素，因此，定性分析的方法是必不可少的。质性评价方法有利于了解教师课程知识的整体情况，对教师的教学实践活动进行全面深入的研究，但由于质性评价的主观性比较强，不利于不同发展阶段教师之间的比较研究。质性评价要求在研究现场经历的任何事情都要尽量多地收集和记录，作为日后研究的资料。这种质性评价的优点很多，但在短时间内想要得出评价结果是不太容易的。

三、"量""质"互补的结构化教师个体知识评价

量化评价和质性评价是教育评价的两种基本范式。随着教师知识评价理论及实践的不断发展，教师知识评价的发展逐渐趋于量化评价与质性评价的融合趋势。一方面，通过问卷调查等量化评价方法考察教师知识的理解情况；另一方面，使用访谈、档案袋等质性评价方法对教师在教学实践过程中的各种知识运用情况进行描述、分析与解释。量化评价与质性评价在理论上虽然有所不同，但它们并不是两种完全对立的方法，在教师个体知识的评价中二者均是非常重要且不可或缺的，我们倡导量化评价和质性评价相结合，从定性到定量，再从定量到定性，从而更加有效地发挥教师知识评价的功能和作用。

中学理科教师个体知识的内容丰富，那么这些知识在教师头脑中是以什么样的方式储存的？采用何种形式能够有效地评价不同发展阶段教师个体知识的组织结构及其差异呢？基于概念图本身的强大表征功能，本研究主要采用概念图评价工具，探讨不同学科、不同发展阶段教师个体知识是否存在差异，并辅以访谈和课堂实录等方法收集资料，从而对教师的个体知识类型、结构、特征与水平等作出更加趋近教师"真实"水平的理想评价。

　　概念图的提出源于对传统教学评价方式的质疑，急需一种能辨别学生认知结构变化的测量工具。传统测试的一个突出问题是，判断题和选择题只能呈现一部分所学知识；此外，学生也没有机会展示他们是如何组织这些知识，也无法体现他们选择额外概念添加到概念图上时所展示出的创造力。可见，概念图是教育者所能采用的最有力的评价工具。随着概念图作为一种评价工具的提出，诺瓦克等人在之后的几乎所有研究中，都会将概念图当作一种评价工具使用。同时，也在大学生物课和物理课中运用概念图，它既有利于学习评价，又可作为学生的学习辅助工具。事实上，概念图已经成功应用于研究的每个领域。例如，奎因 (Quinn,2003) 等人发现，生物学专业的学生后来绘制的地图更加复杂，显示了他们对知识的理解。巴鲁迪和巴特尔（Baroody Bartels,2001）表示，可以从学生绘制的数学概念图中看出学生是否理解了数学概念。

　　概念图相对于访谈的优势主要包括：可以集体同时进行，人员数量没有特殊要求；研究资料比访谈录音或笔记容易保存（这其实也是诺瓦克发明概念图的原因之一）；研究容易获得一些整体、抽象、概括的信息。概念图相对于问卷调查的优势主要体现在：问卷调查呈现的只能是被试具有怎样的概念和命题，对于这些命题是怎样构成的，以及怎样被用来解决具体问题的，问卷是无能为力的。

　　以概念图作为教师个体知识的评价方法，能够将量化评价和质性评价进行很好的融合，使得量化评价和质性评价的分歧能够在教师个体知识评价中统一起来，互相弥补各自的缺点。这可以从后续的概念图评价指标体系的研制中得到证实，概念图评价指标体系中一些主观性的、无法量化的指标只能采用定性分析的方式才能处理，例如个性化、自洽性指标。因此，在结合概念图评价指标体系进行具体调查结果分析时，定性分析与定量研究应该是统一的、协调的、相互补充的。对评价指标进行定性分析是定量的前提条件，没有定性的定量分析是盲目的；而对评价指标进行定量分析是对定性的广泛化和深入化，没有定量的定性分析是粗糙的、表层的。

第二节 教师个体知识概念图评价方法论阐释

一、概念图释义

为后续教师个体知识概念图的绘制和评价研究，需要对概念图的含义、结构及功能等内容进行理论阐述。

（一）概念图的含义

概念图是一种用来组织和表征知识的工具，概念图借助命题的形式表征概念之间的意义关系，是一种将概念和命题具体化的技术。[①] 它使用节点代表概念，使用连线表示概念间的关系。与概念图相关的英文有两个词：Concept Mapping 和 Concept Map，前者也可以翻译为"概念构图"，强调概念图的制作过程；后者一般翻译成"概念地图"，强调概念构图的结果。[②] 乔纳森 (Jonasse, D.) 认为，概念图是围绕某个主题的一组概念及其关系的表示，它反映了人们对这一主题的认识。[③] 概念图主要包括节点、连线和连接词三个构成要素。节点就是置于椭圆或方框中的概念词。连线表示两个概念之间的意义联系，连接可以没有方向，也可以单向或双向。为了减少页面的杂乱，诺瓦克及其研究者约定成规：如果所表示的关系是两个概念间的类属联系，就不能标出箭头方向，箭头表明交叉联系。[④] 连接词是置于连线上的两个概念之间形成命题的联系词，如"是""存在于""包括"等。这里一定要清楚概念词和连接词是有区别的，二者在传递意义时的作用也是不同的。

概念、命题、层级结构和交叉连接是概念图的四个图表特征。[⑤] 诺瓦克及

---

① 方展画主译 . 约瑟夫·D. 诺瓦克，鲍勃 . 高温著 . 学会学习 [M]. 武汉：湖北教育出版社，1989.14-16.

② Gowin D B，Novak J D. Learning How to Learn[M].Cambridge: Cambridge University Press，1984.

③ Eric Bruillard & Georges-Louis Baron. Computer-based Concept Mapping: A Review of A Cognitive Tool for Students. http：//www.ifip.or.at/con2000/iceut2000/iceut10-03.pdf.

④ 方展画主译 . 约瑟夫·D. 诺瓦克，鲍勃 . 高温著 . 学会学习 [M]. 武汉：湖北教育出版社，1989.26.

⑤ 朱学庆 . 概念图的知识及其研究综述 [J]. 上海教育科研，2002（10）：31.

其研究者将概念定义为"词所指称的事物的规律";[①] 命题是由两个概念之间通过连接词而形成的意义联系;交叉连接表示不同知识领域概念之间的相互关系;层级结构是概念的展现方式,这一思想借鉴了奥苏贝尔类属的概念,最一般、最概括的概念置于概念图的最上层,从属的概念依次排列在它们之下,具体的例子位于概念图的最下层。[②] 由此可见,概念图是用视觉再现知识结构、外化概念和命题的一种具体方法。

概念图和思维导图都是知识可视化背景下知识表征的工具,二者在协助人们分析问题、整理思路等方面都起到了积极有效的作用。随着概念图和思维导图研究与应用的日益广泛,二者之间的不同需要我们进一步地深入探讨。除了二者的创始人、含义及理论基础等不同外,总结发现,概念图和思维导图仍有三点不同之处需要注意。

一是表现形式不同。按照诺瓦克的概念图理论,一个理想的概念图应包括节点、连线和连接词三个构成要素,呈现概念、命题、层级结构和交叉连接四个图表特征。思维导图强调围绕某一主题节点的分支和发散程度,不要求节点间标注连接词。因此,是否有连接词是"概念图"和"思维导图"在表现形式上的最大区别。

二是制作过程不同。在制作过程中,概念图是先搜集整理所有概念,然后建立概念和概念之间的分支、分层联系,一个概念图中可以有多个主要概念;而思维导图的制作一般是从一个中心开始,随着思维的变化过程,用线条连接由这个中心思想辐射出的相关概念,逐步建立的一个有序的图,一个思维导图只有一个中心概念。

三是知识表征能力不同。[③] 从知识表征的能力方面来看,概念图能够构造一个清晰的知识网络结构,便于学习者对整个知识框架的理解与掌握;表现形式

① 方展画主译.约瑟夫·D.诺瓦克,鲍勃.高温著.学会学习 [M].武汉:湖北教育出版社,1989.4.

② 朱学庆.概念图的知识及其研究综述 [J].上海教育科研,2002(10):31.

③ 赵国庆,陆志坚."概念图"与"思维导图"辨析 [J].中国电化教育,2004(8):42-45.

比较严谨，有利于促进知识的迁移；可以通过概念图直观便捷地掌握一个领域的知识脉络。思维导图呈现的是一个思维变化过程，学习者能够借助思维导图提高发散思维能力；思维导图的表现形式比较活泼，可以借助于图表、色彩等多种手段协助思维发展脉络的梳理。

（二）概念图的结构

概念图的结构是指概念图中所包含的概念及其之间关系的排列方式。对于包含同样内容的概念图，不同的排列方式给人带来的视觉效果相差很大，传递的信息内容也自然不同；对于不同的概念图，虽然主题内容可能不同、节点数量不同、各级子主题排列方式和线条样式多种多样，但概念图一般有一个主题概念，其他概念都是用来对主题概念进行扩展说明的。

诺瓦克教授十分注重概念图的层级结构，认同概念之间的类属关系。概念图的结构一般按层次结构排列，越靠顶层的概念包容性越广，越靠底端的概念越具体，概念举例一般放在层级结构的最下层；概念图的连线一般不画箭头，默认从上往下的类属关系；而除了类属关系之外的其他概念连接关系，需要用箭头标注[①]。

但是，在概念图诞生以后的几十年中，人们发现有些概念之间并不存在类属关系，因此不需要强加一个等级结构。如果内容结构是等级的，应该使用等级结构；对于不同类型的内容结构应该施行不同的图形结构，如蜘蛛图、等级图、链式图等。[②]Postleth 和 Hopson(1995) 提出了没有层级的概念图。[③] 有研究者定义了五种概念图结构类型，即线形、环形、轮辐形、树形和网络形，如图2.1 所示[④]。

---

① 赵国庆，杨南应，贾振洋，范典，黄荣怀. 概念图的布局算法研究 [J]. 开放教育研究，2005（10）：33.

② Rusz-Primo，M.A.&Shavelson，R.J.Problem and issues in the use of concept maps in science Assessment.Journal of Research in Science Teaehing.1996;33(5):569-600.

③ Postleth，W.&Hopson.Concept Mapping as a Prewriting Activity，Internet.1995.

④ Yin，Y.，Vanides，J.，Ruiz-Primo，M. A.，Ayala，C. C.，&Shavelson，R. J. Comparison of concept mapping techniques: Implications for scoring，interpretation，and use. Journal of Research in Science Teaching. 2005; 42(2): 166-184.

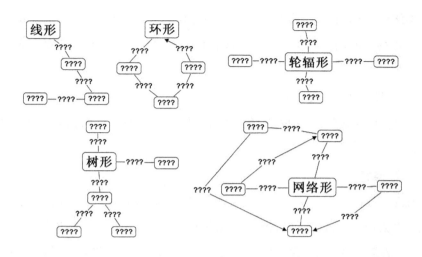

图 2.1　五种概念图结构类型示意图

线形结构概念图，用以表征按照一定顺序和步骤进行的事件，例如，"煮饺子"这一过程，主要包括三个步骤，即把水烧开、煮饺子、捞起饺子；再比如，科学探究的一般过程可以概括为三个步骤，即提出问题、分析问题和解决问题。表征问题解决的过程中，线形结构概念图是由系列方框构成，每一个方框表示问题解决的一个步骤，从一个方框指向另一个方框的箭头标出了信息流向的方位和先后次序。可见，线形概念图结构与心理学上的信息加工流程图相似。

环形概念图用来表示一系列连续循环发生的事件。连续一般表示没有终点，因为当最后一个事件结束时，第一个事件又重新开始了，环形概念图能帮助我们理解事件的先后发生顺序。例如，开展科学探究实验的一般过程就可以用环形概念图呈现出来，主要包括提出问题、猜想与假设、设计实验、分析数据和得出结论五个循环往复的过程。

轮辐形结构概念图源于平行分布加工理论，平行分布加工理论是联结主义认知心理学的核心，联结主义认知心理学能够同时平行处理所有的运算、操作所有的加工单元。许多认知活动属于平行加工过程，即同一时间处理许多信息，加工过程是平行的、分散的。

层次语义网络模型认为，语义知识可以表征为一种由相互联结的概念而组成的网络。**Novak** 的概念图模型也采纳概念作为节点，概念按照类属关系呈水平层次排列，而把概念所具有的属性转化为概念间连接语或概念的特例形式呈现。

（三）概念图的主要功能

概念图的应用领域和研究价值日益受到人们的关注，这与其多方面的功能紧密相关。

1. 表征功能

概念图最初的提出是基于儿童访谈资料的保存与管理，如何从诸多内容中提取出有效信息，概念图可以将知识组织化、结构化，是一种知识组织与表征的工具，表征的原始含义是"代表""表示""象征"等，[①] 知识表征是指知识或信息在人脑中记载和组织、存储的方式[②]。概念图的图表结构特征，与人类的认知结构中知识的组织、表征、贮存方式是基本吻合的。可见，运用概念图来进行知识的组织与表征，更能促进知识在人的大脑中的记忆与存储。

概念图作为教与学的一种技能与策略能够广泛应用于教学领域，其基础就是概念图的表征功能。概念图以直观的图形方式表征复杂的知识结构，它本身就比文字、语言更形象，通过这种视觉的形式，直观地呈现各知识点之间的联系，便于教师、学习者迅速了解该知识领域。概念图有助于学习者理解所学内容的概念，了解各个概念间层次分级，明确已有知识，将新知识纳入已有认知结构，从而进行有意义的学习。

概念图能够直观、形象地呈现教师的认知结构，将教师现有知识的数量、清晰度和组织方式再现出来，是由教师眼下能回想出的事实、概念、命题、理论等构成的。利用概念图进行初中物理教师知识的表征研究，有利于教师知识结构的呈现；有利于研究资料的长期保存，可以将研究过程中的访谈资料、文本资料转换成概念图进行保存；有利于研究过程中资料的准确、直观记录；有

---

① 张向阳.论心理表征及其规律对教学的启示 [J].华南师范大学学报（社会科学版），2003（2）：112-116.

② 皮连生.一种关于知识的新观点 [J].湖南教育，1995（1）：14-15.

利于研究资料的随时更新、修改和完善。

2. 发展功能

概念图的提出源于研究者对资料保存及信息提取的需求，研究者利用概念图这一工具，能够识别学习者认知结构的改变、识别经过几年的时间学习者对概念意义认识的改变和发展。

随着对概念图研究的深入，人们发现运用概念图进行自身知识的组织和表征，能更有效地监控自身知识的发展；同时，通过概念图将学习者的知识表征出来后，也方便其他人对学习者知识状况进行及时而准确的了解与掌握，进而更好的采取方式促进发展。

基于概念构图的行动学习策略，能够促进学习者知识的发展。概念构图侧重强调构图的过程，这样一个过程中调动学习者积极的认知活动，进行有意义的知识建构学习，从而实现学习者知识结构的优化与发展。例如，利用专家的知识概念图作为脚手架，培训新手，对学习者知识的发展助益很大。在学习的过程中使用概念图进行交流，有利于知识的共享、促进合作学习，有利于学习者知识水平的提升与发展。

3. 评价功能

研究者对概念图评价功能的研究，主要集中在评估学习者对概念的理解、概念的转变和概念的发展，以及学习者使用概念图进行自我评价四个方面。[①]Malone 和 Dekkers 将概念图描述为学生"思维的窗口"，"透过这个窗口，让教师和其他学生看进去，让构图者望出来，使众人一起分享个人所拥有的认识和观念"。[②]Wallace 和 Mintzes 认为概念图是调查认知结构变化的一种有效的机制，它能补充访谈、卡片分类以及传统的测验工具等研究结果，而又不会与这些方法发生重复，是唯一一种既能了解学生已有知识，又能了解他们知识组

---

① 陆珺. 概念图评价研究述评 [J]. 嘉兴学院学报，2013（11）:4.

② Malone J，Dekkers J.The concept map asanaid to instruction in science and mathematics[J]. School Scienceand Mathematics，1984(3):231.

织的方法。①

新课程倡导运用多种方式与方法进行评价，促进学生全面、富有个性的发展，促进教师反思和改进教学，实现评价的诊断、激励和发展的功能，概念图无疑是一种有效的评价方法与工具。

作为一种技术，概念图为了解学习者建构知识的方式提供了一个独特的窗口，提供了一个机会评价命题的有效性和知识基础结构的复杂性。通过概念图的绘制与评价活动，诊断学习者在发展中的优势与不足，并在此基础上提出针对性的指导意见，有效促进学习者的进步与发展，改进教学工作，促进教师的专业成长，实现教学活动与评价的有机结合。

同时，概念图评价很好地契合了新课程评价理念的追求，实现了评价主体的多元化与评价对象的差异化。围绕概念构图过程和结果，评价的主体可以是学生、同伴、教师、研究者等，多主体的参与和协商，可以从多角度为评价对象提供学习、发展方面的信息，帮助评价对象更加全面地认识自我。概念图评价充分关注评价对象的个体差异，重视评价对象的学习与发展的过程，激发其内在发展的动力，发展自己的潜能。本研究的评价对象就是初中物理教师，借助于概念图的评价功能，希望在呈现初中物理教师脑海中差异化课程知识的同时，也能够促进评价对象专业的进一步发展。

二、概念图评价的方法论思考

自 20 世纪 80 年代中期以来，教师知识问题引起了学者们的广泛关注，教师知识的研究逐渐成为当代教师教育研究的热点。教师知识研究所依据的方法论及采用的具体方法是否妥贴，也日益成为研究者关注的一个重点。梳理教师课程知识研究的方法论演变过程，对于概念图作为一种初中物理教师课程知识评价方法的使用具有重要意义。我们应清楚地认识到，方法论的任务就是为研究者提供研究的理论依据和研究思路。纵观已有关于教师课程知识的研究，多

---

① Wallace J D，Mintzes J J.Theconceptmapasaresearchtool:Exploringconceptualchangeinbiology[J]. Journal of Research in ScienceTeaching，1990，27(10):1033-1052.

是从理论思辨的角度进行探讨，已有的少数定量研究不够科学、规范。具体表现是一些研究所选样本较小；问卷编制的维度、题目及结构等主观性很强；调查过程存在一定的随意性，研究结论值得商榷。另外，基于对实证主义的质疑与批评，有些研究者在人文主义研究范式指导下的一些研究方法的选用，过于强调"理解""诠释"，刻意排斥量化研究的一些方法技术，将定量研究与定性研究人为对立起来也是不妥的。

有研究者就发现，教师使用的知识与研究者生产的知识具有很大的差异（Hiebert et al,2002)，而且有些方法未必能获得研究者想要的信息。于是，有研究者强烈呼吁要开发更能捕捉教师知识之缄默和直觉特征的方法和技术，同时在其相关研究中帮助实习教师使用各种方法去获得指导教师的知识、并评价这些方法的效果。概念图作为一个典型"测试"的替代品，已被证明是一种强有力的评估工具，从而为教育研究和实践描绘了新的前景。[①]

鉴于实证主义方法论和人文主义方法论各有长处与不足，根据本研究的问题指向及特性，笔者以概念图作为资料收集的主要方式，将实证主义与人文主义研究范式有机地融合起来，作为研究问题的基础，以提高本研究的质量。本研究拟将概念图作为初中物理教师课程知识评价研究的方法论体系，认为评价是一种相互协调的过程，通过教师构建的概念图作品进行分析、讨论并完善概念图，评价结果是评价者和初中物理教师之间的共同构建过程。采用概念图进行评价的过程中，是将教师作为一个完整的有个性的评价对象看待的，通过对教师课程知识不同类型的系列评价，进而促进初中物理教师的个人专业成长与发展。

（一）概念图评价概念释义

本研究中的概念图评价就是指以概念图作为工具对初中物理教师掌握的课程知识情况进行评价的一种方法。教师绘制概念图的过程不仅涉及知识的重新架构，而且能反映教师的深层次理解能力。在此基础上，研究者可以了解初中

---

① 约瑟夫·D.诺瓦克著.赵国庆，吴金闪，唐京京等译.学习、创造与使用知识：概念图促进企业和学校的学习变革[M].北京：人民邮电出版社，2016.23.

物理教师脑海中课程知识结构的全貌，并诊断出思维缺陷及其相关原因。同时，概念图作为一种新型评价工具，有利于教师对自己的日常教学和学习进行反思，及时进行调整和补救，从系统化、结构化、整体性的高度来关注新旧知识点及其相互关系，进而更好地呈现出自己的课程知识结构与水平。

（二）概念图评价特点分析

概念图评价主要具有六个特点，即整体性、直观性、发展性、建构性、简捷性和真实性。

1. 整体性

概念图评价强调事物之间的相互联系，关注整体性的概念网络结构。许多认知理论都同意这一假设：概念之间相互关系是知识的重要特征，知识的这一组织性特征可以通过概念图的层级结构特点表现出来。概念图的绘制，通常是由个体结合自己的理解或群体交流，围绕某一知识领域选取代表性概念和连接词，进行层级划分和意义连接。概念图能够反映出概念和概念之间既有的纵向或横向交叉连接，从而形成一个纵横交错的整体结构。围绕某一主题或核心问题而绘制的概念图，所涉及的概念并不是孤立存在的，一个概念节点只有与其他概念节点发生联系时，才能表现出命题的意义，这充分体现出概念图评价的整体结构性特征。

2. 直观性

直观性是概念图作为知识可视化工具的显著特征。概念图可以从视觉上再现知识结构，是一种类似于语义网络形式的空间排列图示，其实质是将内隐的知识网络外显化、直观化、形象化。研究者通过查阅概念图，根据命题的准确性、有效性、复杂性和整体性的程度，对构图者脑海中的知识有所了解；研究者从概念图的层级结构及分支情况可以判断出构图者的逻辑思维水平；研究者通过概念图具体实例可以获知构图者对概念的内涵和外延的理解与认识程度；通过概念图的交叉连接，研究者可以看出构图者创造性思维的发展。总之，概念图的直观性特征有助于研究者简便、快捷地看到各个概念之间的意义关系，进而作出价值判断。

3. 发展性

随着计算机软件技术和网络技术的开发与应用，为概念图的保存、修改和分享奠定了基础。个体或群体可以围绕某一概念图展开长期、持续的修改、完善工作，从而体现了概念图评价的发展性特征。传统的评价工具常常过于注重被试某一阶段的学习结果，而忽视了被试知识结构是否有所发展。概念图评价可以通过被试绘制概念图的方式来观察其一段时间里知识结构的变化和发展。

4. 建构性

建构主义理论强调每个人都是独立的个体，每个人知识建构的方式都不一定相同，评价应重视个体认知建构的差异性，因此若用传统的评价方法与工具可能会掩盖个体的这种独特性与差异性。概念图评价可以弥补传统评价方法的不足，研究者通过对概念图采用不同的评分方法或评价指标体系，可以反映个体知识和能力的不同方面。个体围绕某一问题或主题，将自己头脑中的知识主动建构出来，通过概念图的方式展示给他人，供传播、交流、评价和创造等。概念与概念之间的关系、连接词等也是个体根据自己的理解而选择、建构出来的意义连接。因此，对同一个知识领域，不同人绘制出来的概念图可能会有明显的不同，这是承认"知识是被建构出来"的一种必然结果，不可能有一种"标准"的概念图[①]。

5. 简捷性

概念图通过节点、连线和连接词这种图形化的表征方式，将信息量很大的内容简捷化，便于快速观察、理解；无论手工绘制，抑或是计算机软件构图，概念图的填补修复都具有方便、快捷等特点。

6. 真实性

概念图评价借助于概念图作为初中物理教师知识结构表征和测量工具，可以如实反映教师脑海中的认知结构和概念意义的变化，具有一定的真实性特征。

---

① 方展画主译.约瑟夫·D.诺瓦克，鲍勃.高温著.学会学习[M].武汉：湖北教育出版社，1989.98.

三、概念图评价优势与局限性分析

概念图评价就是以概念图作为工具对初中物理教师课程知识的情况进行评价的一种方法。概念图评价具有传统评价所不具备的优点，即概念图评价重视节点之间的联系及知识构建的过程。教师绘制概念图的过程不仅涉及课程知识的重新建构，而且能反映初中物理教师的知识组织能力和深层理解能力。明确概念图评价的优势与局限性是非常必要和迫切的。

（一）概念图评价的优势

概念图作为一种有效的知识评价工具，可以检测出教师个体知识结构以及对知识间相互关系的理解情况。

1. 有助于量化评价和质性评价的完美融合

以概念图作为教师个体知识评价工具，有助于量化评价与质性评价的优势互补。第一，概念图理论不赞成纯思辨的研究，强调融入实证研究。在进行教师个体知识的研究过程中要结合问卷调查、课堂观察和访谈等多种具体方法，以便收集到真实、有效的研究资料，为研究问题的解决做好准备。第二，概念图绘制体现的是一种建构主义认识论。概念图绘制过程就是教师积极、主动的建构并调试自我认知结构的过程。第三，作为概念图理论研究对象的认知过程具有客观、可观察性。概念图绘制者的认知结构是独立于研究者而客观存在的，这就要求研究者在研究过程中应尽量保持价值中立的态度，不去干扰概念构图者的思维过程；通过概念图可以将教师内隐的认知结构外显化，从而方便研究者观察、思考。第四，概念图理论强调对人的主观性和主体性的尊重，概念图具有呈现不同教师的思维过程、体现绘制者知识的差异性等特色。第五，概念图理论强调研究者对研究过程、所得资料的理论阐释，注重透过现象看本质，揭示问题的实质，避免仅停留于简单的问卷调查加统计分析的研究过程。

2. 有助于定性分析与定量分析的有机融合

本研究将概念图作为一种方法论指导具体的评价研究，在研究具体问题时，必然需要评价概念图作品，可能是填空型，可能是构建型，针对不同的概念图，所采用的评价方式就会有所不同。对概念图的评价主要有两种方式：客观性评价和主观性评价,对应的数据分析与处理过程分别从属于定量分析与定性分析。定性分析和定量研究各自的优缺点都很明显。定性分析的优点是在不完全数据、信息的基础上,也能够对教师的个体知识结构与水平做出一定的评价;缺点是受人为因素影响较大,主观性较强,评价结果很难做到客观、公正和精确。定量分析的优点是受人为因素影响较小,这弥补了定性分析的不足,评价结果相对客观、精确;但缺点是对数据、信息的依赖性较强,在数据、信息不完整或缺乏的情况下,评价结果可能会与实际偏差较大。另外,由于定量分析的结果过于抽象概括,也不利于对教师个体知识评价中出现的问题进行深层次的分析,这就很难提出有针对性的改进建议。

概念图方法本身将定性与定量进行了很好地融合,这可以从本研究构建的概念图评价指标体系得到证实,概念图评价指标体系中一些主观性的、不宜量化的指标只能采用定性分析的方式才能处理,例如个性化、自洽性指标。因此,在结合概念图评价指标体系进行具体调查结果分析时,定性分析与定量研究应该是统一的、协调的、相互补充的。对评价指标进行定性分析是定量的前提条件,没有定性的定量分析是盲目的;而对评价指标进行定量分析是对定性的广泛化和深入化,没有定量的定性分析是粗糙的、表层的。大量研究表明,概念图评价是以组织结构化的方式来评价个体头脑中复杂的、差异的知识理解能力,它能直接捕捉被评者在某一领域的知识结构。而这一目标的达成,需要将定性分析与定量研究相互融合的哲学思想作为前提条件。

3. 有效地评价教师个体知识结构、水平与差异情况

用概念图评价教师个体知识结构与水平,其评价标准往往是开放的而不是唯一的,这有利于教师思维的发散,有利于教师创造力的激发。同时,概念图又不是完全开放没有范围的,它有严格、客观的评分系统,不会因人为因素造成分数的太大偏差。

(二)概念图评价的局限性

没有哪一种方法论是完美无缺的,都有其适用的范围和局限性。采用概念图评价作为研究方法论指导具体工作之前,我们有责任对其局限性进行剖析。

概念图评分过程带有一定的人为因素，会影响概念图评价结果的公正性与客观性。同时，概念图理论注重构图者主体地位的发挥，对知识提倡一种建构主义的认识观，这就蕴含着概念图的多样性与多元化，不同的人对待同一个知识问题，可能就会从自身角度出发，建构出完全不同的概念图，这对教师知识标准概念图的呈现提出了严峻挑战。坦白地说，我们无法绘制出一幅完全客观、公认的标准教师知识概念图，只能寄希望于通过各种方式逐渐逼近"真理"，这其实也正体现了实证主义和现象学的哲学思想。

第三节　教师个体知识概念图评价指标体系构建

评价指标体系是开展概念图评价实证研究的重要工具，构建评价指标体系在中学理科教师个体知识评价中是十分重要的一个环节。

一、构建依据

本研究欲将概念图作为评价教师个体知识水平的一种工具，需要一个更系统的方法来评价教师绘制的概念图的质量。诺瓦克等人提出一种分类学方法来评价概念图的整体结构，称为"拓扑分类学"；提出一种评价量规来处理概念图中的内容质量，称为"语义评价标准"。[①]

（一）拓扑分类学

1.拓扑

拓扑的英文名是 Topology，直接翻译是"地志学"，类似于研究地形、地貌等方面的相关学科。Topology 音译为"拓扑学"，有关拓扑学的一些内容早在18 世纪就出现了。拓扑学是几何学的一个分支，研究一些与几何图形有关的问题，但这种几何学又与传统的立体、平面几何不同，是一些新的几何概念。通常的平面几何或立体几何研究的对象是点、线、面之间的位置关系以及它们的

---

① 约瑟夫·D.诺瓦克著.赵国庆，吴金闪，唐京京等译.学习、创造与使用知识：概念图促进企业和学校的学习变革 [M].北京：人民邮电出版社，2016.258.

度量性质；而拓扑学与研究对象的长短、大小、面积、体积等度量性质和数量关系都无关。

概括而言，所谓的拓扑就是在原始问题基础上进行模型的重新绘制，通过简化处理，产生非常高效的模型。简化后的模型对原始问题的关键信息体现充分而干扰因素非常少。所谓的拓扑关系是指图形元素之间相互空间上的连接、邻接关系，这种拓扑关系并不考虑具体位置，是由数字化的点、线、面数据形成的。

2. 分类学

分类，是指按照种类、等级或性质分别归类。分类是人的一种本能，只有通过分类，将事物纳入某个类别中去，我们才会感觉到安全、可控。广义上理解的分类学包括许多细分学科，例如信息分类学、现代分类学、分子分类学、教育目标分类学、犯罪分类学等。布鲁姆的教育目标分类学是从知识与认知过程两个维度进行分类，在此基础上，诺瓦克等人提出了更简单的分类量表，但是标准更切合概念图。

3. 拓扑分类学

拓扑学只考虑物体间的位置关系而不考虑它们的形状和大小，拓扑的中心任务是研究拓扑性质中的不变性，即研究几何图形或空间在连续改变形状后还能保持不变的一些性质。通俗地说，拓扑关心的是各个元素之间的连接关系，而从不关心尺寸、大小和距离等。诺瓦克等人依据拓扑分类学对概念图整体结构的分析提出五条标准：概念识别、连接短语的使用、分支程度、分层深度和交叉连接的使用。这些标准逐层深化地考虑拓扑元素，从概念开始，然后是命题，最后是完整的概念图。[①]

标准一：概念识别。依照"概念识别"评价概念图质量时，必须考虑内容，而这也属于语义标准。不难理解，要构建一张丰富的、相互联系的概念图，识别个别概念的能力是最基本的，所以"概念识别"包含在概念图结构标准里。

---

① 约瑟夫·D.诺瓦克著.赵国庆，吴金闪，唐京京等译.学习、创造与使用知识：概念图促进企业和学校的学习变革 [M].北京：人民邮电出版社，2016.258-259.

换言之，重点不是教师到底说了什么，而是教师是否能够在原来的背景下识别概念，并能描述出概念间是如何相互联系的。

标准二：连接短语的使用。概念图作为一种知识表征工具，与思维导图等其它工具的关键区别就在于概念图要求用连接词，通过连接性的短语将概念相互联系起来并形成更大的图形结构。

标准三：分支程度。当几个关系从同一个概念结点发散开来，或几个关系同时使用一个连接元素时，就产生了分支。这与奥苏贝尔认知学习理论中的"渐进分化"观点相符。评价教师概念图中概念分化的类型和程度有两种方法，一是评价者为教师提供一个关键概念，要求教师围绕这一关键概念，绘制他所知道的与这一关键概念有关的全部概念及关系的概念图；二是研究者从这一关键概念中选出 10—15 个概念，要求教师利用这些概念形成一个概念图。

标准四：分层深度。分层深度是指概念图中最上层概念下所包含的概念的层级数量，而不考虑每层所包含的概念是什么。奥苏贝尔理论认为，认知结构是按层次被组织的，较广泛的、较一般的概念和命题位于不广泛的、较具体的概念和命题之上。

标准五：交叉连接的使用。从空间组织的角度来看，和以上四个标准一起时，交叉连接会使拓扑元素（概念、命题、概念图）形成更加复杂的整体（更加复杂的概念图）。一般会将交叉连接和"整合协调"联系起来，"整合协调"也是奥苏贝尔理论的一个基本原则。

（二）语义评价标准

诺瓦克等人将评价概念图中的观点质量的评价量规称为语义评价量规，在介绍具体内容之前，先对相关概念做一梳理。

1.语义

语义就是指数据的含义。这里所谓的数据就是指符号，数据本身一般是没有任何意义的，只有被赋予含义的数据才能够被使用，而数据的含义就是语义。语义可以简单地将看作是数据所对应的现实世界中的事物所代表的含义，以及这些含义之间存在的关系，是数据在某个领域上的解释或逻辑表示。

2. 评价量规

量规是一种精密测量器具，不能指示量值，只能根据与被测件的配合间隙、透光程度或能否通过被测件等来判断被测件是否合格的长度测量工具。量规控制的是尺寸或规格的上下限。此外，量规还是一个真实性的评价工具，它是对学习者的测验、成长记录袋或者表现进行评价或者等级评定的一套标准。

评价量规是一个真实性评价工具，一般用来测量学生的课业进程。它是一种不使用数字评分系统的评估体系。也就是说，评价量规是以一系列的评价准则或元素来评估某一特定的工作或表现。评价量规一般会由小到大列举每一种元素的特性的品质程度。使用评价量规进行评价的一个优势是，如果你有发展某一特定活动的想法时，它可以为你提供你可能达到的水平的一些指标，并建议你可以采取的一些措施。评价量规的类型主要包括核查表、分值系统、分析性量规、整体性量规等。

3. 语义评价标准

为了从内容角度评价概念图的质量，诺瓦克等人提出用语义评价标准来分析概念图的内容信息。诺瓦克等人的语义评价标准包含六个方面：概念相关性和完整性、正确的命题结构、使用错误命题、使用动态命题、交叉连接的数量和质量、出现循环。[①] 概念相关性和完整性针对的是概念图中每一个节点概念的语义质量；正确的命题结构是针对概念图中由基本语义形成的语义群应以命题的形式呈现；使用错误命题这一评价标准针对的是概念图中语义单位的真实性，这通常需要依托于一定的语境；使用动态命题这一标准对应评价的是该概念图中命题之间关系的复杂程度；交叉连接的数量和质量，以及是否出现循环这两条标准评价的是整个概念图。

二、构建原则

借助于概念图工具评价教师个体知识的结构与水平，需要构建完备的概念

---

① 约瑟夫·D.诺瓦克著.赵国庆，吴金闪，唐京京等译.学习、创造与使用知识：概念图促进企业和学校的学习变革 [M].北京：人民邮电出版社，2016.259.

图评价指标体系，而这一过程需要遵循以下原则。

1. 全面性原则

概念图评价指标体系应满足指标的完备性，即不能遗漏任何重要的方面，应全面、系统地反映和涵盖初中理科教师个体知识现状的各个方面。这样便于评价者多角度、多方位地观察和分析教师个体知识的现状，从而总结出合理的评价结果与研究结论。

2. 科学性原则

概念图评价指标要遵循统计学的资料分类要求，上下级指标具有一致性，同一层次的指标之间的内涵有所不同，外延一般不会交叉，整个评价指标体系构成一个科学完整的逻辑系统。

3. 可操作性原则

概念图评价指标体系应尽量采用可操作的语言表述，便于后续评价研究操作和展开。概念图评价的一级指标相对抽象，二级指标对一级指标进行了细化，三级指标直接针对概念图的组成部分或图表特征，具体、明确地指出了收集每项指标数据的途径与方法；对三级指标评价标准的解释说明则尽可能用可操作化的语言表述。

4. 定性与定量相结合原则

概念图评价指标体系具有定量和定性两个方面特征，定性特征决定定量特征，定量特征表现定性特征。概念图评价指标体系的一级指标分为结构与内容两个维度，其中概念图结构评价指标属于定量特征，概念图内容评价指标属于定性特征。定性指标和定量指标相结合的原则，是指我们在教师个体知识评价指标体系的构建过程中，应对不同侧面的概念图评价指标体系有一个定性的认识，然后再用概念图定量赋分将其精确化地描述出来；同时，结合概念图指标体系的定量分析后，还要对统计数据进行更进一步的定性分析与信息挖掘。从而才能更加完整地评价初中物理教师课程知识的结构与水平。

三、概念图评价指标体系构建

使用概念图方法进行教师个体知识评价研究的过程,既有评分者的主观评价,也有客观的评分体系把关,能够很好地实现定量与定性评价的完美结合,为了确保概念图评价的信度和效度,需要建立一个完备的评价指标体系,本研究基于诺瓦克教授等人提出的拓扑分类学及语义评价标准,确定本研究的概念图评价量规如表 2-1 所示。

表 2-1 概念图评价指标体系细目表

维度	指标		评价标准
结构	丰富性	节点概念	节点概念的数目越多越丰富
		连接词	连接词的种类越多越丰富
	多样性	分支	体现在概念图中的分支数量,分支越多表明对知识的理解所达到的分化程度越高、越多样
	深入性	层级数量	概念图中的层级表明了构图者知识分类的水平,层级越多,说明对该领域的理解越深刻
	复杂性	交叉连接	概念图中交叉连接或横向连接的多少,反映了构图者对该领域知识的综合理解程度
内容	科学性	概念	概念识别的相关性和完整性
		连接词	连接短语使用的有效性
		命题	由两个概念节点和中间的连接词形成的命题是有意义的,描述的是构图者对知识理解的准确性程度(包括交叉连接形成的命题)
	自洽性	逻辑关系	关注整个概念图,描述的是构图者对某一知识领域理解的逻辑一致性
	个性化	分类标准	对所列概念的分类标准是评价概念图质量的重要指标。在科学、有效的前提下,构图者概念图的个性化程度表明了其对该知识领域的独特性、创造性理解程度

上表 2-1 依据概念图的核心要素结构与内容两个维度对概念图评价指标体系进行了划分。概念图的结构指连接关系、层级关系以及交叉关系等构成的语义网络,可以体现教师组织知识、运用知识的能力;概念图的内容指概念和命题的意义,体现教师正确理解知识的能力。根据概念图的结构与内容要素,提炼出七个概念图指标特征用于判断教师所绘制概念图质量的高低,下面对这些

评价指标做简要阐述。

1. 丰富性

所谓丰富性，不言而喻，就是构图者最终呈现出的概念图中概念节点、连接词数量的多少程度。围绕同一主题进行的概念图创作，保留的概念节点越多、所运用的连接词种类越多，说明初中物理教师所构建的概念图丰富性程度越高。

2. 多样性

多样性指标评价的是概念图中分支数量的多与少，分支越多表明对知识的理解所达到的分化程度越高、越多样，表明构图者对该领域知识的理解越好。同时，多样性还包括对整体概念图差异性的评判，如果被试呈现出多种多样的概念图作品，表明教师们对该主题领域理解的知识结构差异比较大。

3. 深入性

深入性是指概念图中起点概念下包含的概念的层级数量，层级结构是概念的展现方式，这一思想吸收了奥苏贝尔类属的概念，最一般、最概括的概念置于概念图的最上层，从属的概念依次排列在它们之下，具体的例子位于概念图的最下层。根据构图者绘制的概念图作品层次的多与少，即可判定其概念图作品的纵向深度，反映了构图者对该主题领域理解的思想深度。

4. 复杂性

复杂性评价的是概念图中交叉连接的数量与质量，概念图中不同分支关键概念间的交叉连接，揭示了构图者对不同领域概念间的联系与理解，这对知识创造和创新性思维的发展都是至关重要的。

5. 科学性

概念图的构建过程离不开核心概念及连接词的提取或选择，构图者能否运用符合教学实践的话语体系进行概念图绘制，这是评价概念图优劣的首要指标。换言之，构图者呈现在概念图中的命题应该是科学、合理、有意义的，是正确的。

例如，图2.2所示，利用填空型概念图对初中物理教师有关课程标准的内容与框架记忆情况的调查中，根据课程标准的目录呈现了前言、课程内容、实施建议和附录，空白2位置需要教师填写"课程目标"，但如果教师填写了教学目标、教学方针、目录之类的词语都是不准确、不科学的。同样，在课程内容的下一层次中，研究者只给出了科学内容，空白处需要教师填写"科学探究"，将科学探究与科学内容并列表述，体现了课程改革对科学探究的提倡与重视，但调研发现有些教师却在此处填写"课时安排"，这与课标的内容框架是不吻合的。因此，从概念图语言表述的科学性指标来评价的话，以上答案就不属于高水平的概念图作品。

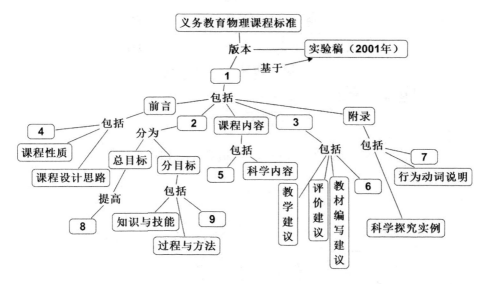

图 2.2　义务教育物理课程标准"内容与框架"主题概念图

6. 自治性

评价一幅概念图内容的优劣的第二个指标就是概念图本身的自治性。两幅作品如果在科学性、丰富性上水平相当时，我们就要细致研究概念图作品本身的自治性，也就是一幅概念图作品从最上位的概念到最下层的举例，前后用语关系的逻辑一致性程度。比如 A 教师和 B 教师分别绘制了有关"机械能"一章的知识概念图，通过科学性指标、丰富性指标评价后，两位教师的概念图得分都是 11 分（节点用语科学的情况下，每个节点 1 分，有多少个节点就多少分），但 A 教师的概念图如图 2.3 所示，而 B 教师的概念图如图 2.4 所示。这种情况，我们就可以通过自治性指标做出评价，A 教师的概念图作品优于 B 教师的概念图，因为对于"机械能"主题概念图的绘制，A 教师的概念图呈现的系统性更高一些。

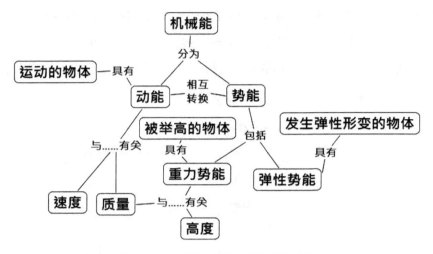

图 2.3　A 教师"机械能"概念图

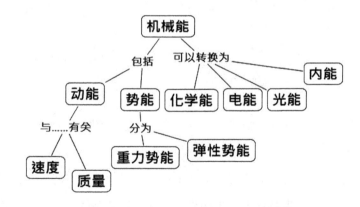

图 2.4　B 教师"机械能"概念图

7. 个性化

概念图是一种非常好的知识表征与评价工具，个体围绕某一主题内容，将自己理解的知识建构出来，通过图的方式直观呈现给他人，供传播、交流、评价和创造。概念与概念之间的联系，是构图者根据自己的理解而选择、建构出来的意义连接。因此，针对同一个知识领域，不同人绘制出来的概念图会有明显的不同，这与"知识是被建构出来"的观念是一致的。基于概念图内容的科学性、脉络结构的合理性、组织关系的逻辑性等标准，概念图的个性化程度也是评价不同物理教师课程知识水平的一个重要指标。

以上七个指标是本研究构建的教师个体知识概念图评价指标体系，依据所反应的概念图成分的不同特征而设定，这些指标可以划分为客观性指标和主观性指标。客观性指标是指反映概念图数量特征的指标，如概念节点数目、分支数目、层级数目等。主观性指标是指反映研究者对概念图的主观感受的指标，如个性化程度、自洽性、科学性等。需要注意的是，客观指标和主观指标同样具有主观性、客观性特征。例如，复杂性指标，描述的是交叉连接的数量和质量，研究者对概念图中存在的交叉连接的统计，属于客观性的研究；而研究者对概念图中交叉连接的有意义、有效程度的判断则属于主观性的研究。我们应正确处理和使用客观指标和主观指标，这对于中学理科教师个体知识的评价研究具有十分重要的意义。

依据以上七个概念图评价指标，就可以从不同维度评价出不同水平教师概念图的特点、差异等。当然，评价教师概念图的时候，并不是这些指标都会用到，可能是其中的几个或全部；而针对不同主题的概念图，这些指标达到的程度也具有相对性。

四、概念图评分方法说明

将概念图作为一种评价工具的一个突出优势体现定量分析与定性研究的完美融合，而对中学理科教师所绘制的概念图进行定量分析的前提是能够对概念图质量进行评分。依照诺瓦克等人对概念图评价所采用的方法主要有关系评分法、结构评分法和有标准图对照的关系评分法、结构评分法等。一般会针对概念图的组成成分如命题、层级、交叉连接等进行说明与赋分。本研究基于实际研究需要，对前文评价方法论中所构建的概念图评价指标体系的量化处理过程做一说明。

（一）概念图评价指标体系的评分方法与过程

1. 概念图结构维度指标的量化处理

依据本研究所确定的评价指标体系，概念图结构方面包括五个二级指标成分，即概念节点、有效连接词、分支、层级和交叉连接。在用这五个指标评价不同发展阶段教师课程知识结构时，就是通过对每位教师所绘制的概念图中每个组成成分的数量进行统计，然后将各个指标对应的数据录入 SPSS 软件进行统计分析，根据是否达到显著差异，进而推断不同发展阶段教师个体知识结构方面的特征与差异信息。具体的概念图结构评价指标量化处理如下表 2-2 所示。

表 2-2　概念图结构评价指标量化表

结构指标	说明	量化计分处理
节点	节点概念的数目越多越丰富	节点总数量
连接词	连接词的种类越多越丰富	有效连接词种类的总数量
分支	体现在概念图中的分支数量，分支越多表明对知识的理解所达到的分化程度越高、越多样	分支个数有几个计为数字几
层级数量	概念图中的层级表明了构图者知识分类的水平，层级越多，说明对该领域的理解越深刻	有几个层级计为数字几
交叉连接	概念图中交叉连接或横向连接的多少，反映了构图者对该领域知识的综合理解程度	有几个交叉连接计为数字几

2. 概念图内容方面的量化处理

对于教师绘制的概念图内容方面的评价需要评价者首先对其内容质量进行一个定性分析，依据的就是下表"说明"一列所对应的内容。评价者结合该表对教师所绘制概念图的概念、连接词及命题数量进行赋值，录入 SPSS 系统进行统计分析。

表2-3　概念图内容评价指标量化表

内容指标	说明	量化处理	
概念	概念识别的相关性和完整性	满足"说明"要求的概念有几个计为数字几	
连接词	连接短语使用的有效性	有效连接词有几个计为数字几	
命题	由两个概念节点和中间的连接词形成的命题是有意义的，描述的是构图者对知识理解的准确性程度（包括交叉连接形成的命题）	命题表述模糊或错误	0分
		命题表述简单、不完整	1分
		命题表述准确、有意义	2分

（二）评分方法选择

根据不同的概念图试题可以选择不同的评分方法，总结如下：

1.填空型试题评分方法

概念图填空型试题依据标准答案，按照答题的质量每个空给出2、1、0分。如果教师填图完全正确得2分；填得不完全正确，则给1分；如果不填或完全错误，则计0分。

2.结构型试题评分方法

对于结构型概念图试题的评分方法主要采用关系评分法。本研究中的结构型概念图试题都属于有标准概念图的评价任务类型，因此参照有标准图的概念图评分方法进行评分。

3.限制型和开放型试题评分方法

基于国外概念图评价研究的现状，本研究选择了一些开放型概念图试题对教师的个体知识结构与水平进行评价。

基于已有研究中呈现的总命题评分法的省时优势和结构评分法的趋近认知结构的真实情况的特点，在诺瓦克概念图评分方法的基础上，引进台湾学者的研究成果[1]，作为本研究的新结构评分法，包含了命题评分法的分值计算和结构评分法的结构赋分权重。新结构评分法的计分系统汇总如下表2-4。

---

① 田焙明.于问题导向式学习中评量开放型知识地图[D].桃园：中原大学，2008.

表 2-4　新结构评分法的计分系统说明

类别		说明
轮辐状结构	第一层轮辐状结构	每个分支一分，求和；乘以 1；
	第二层轮辐状结构	每个分支一分，求和；乘以 2；该层的所有轮辐状结构求和
	……	……
	第 n 层轮辐状结构	每个分支一分，求和；乘以 n；该层的所有轮辐状结构求和
	整个概念图的所有轮辐状结构得分相加求和	
线状结构		每个概念一分，含有的所有概念求和；乘以该线性结构起始概念所在的层级数
线节点		每个线节点 1 分，求和
叶节点		每个叶节点 1 分，求和

为了更好地理解概念图的结构计分方法，这里以下图 2.5 为例，采用诺瓦克等人的经典结构评分法计分一次，再采用新结构评分法计分一次，具体计算过程见表 2-5 和表 2-6。

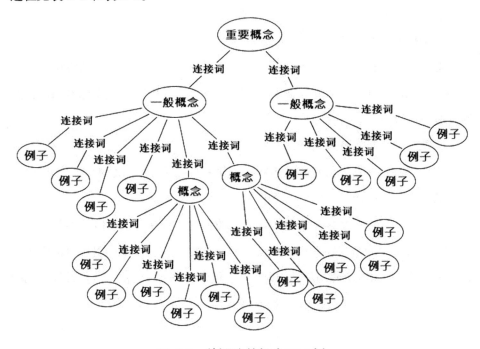

图 2.5　待评分的概念图示例

表2-5 以诺瓦克的经典结构评分法计算出的示例概念图总分

种类	权重（分）	数量（个）	分数（分数）
关系（命题）	1	4	4
层级	5	4	20
交叉连接	10	0	0
举例	1	21	21
总分	45分		

表2-6 以新结构评分法计算出的示例概念图总分

类别	说明	数量（个）	分数（分）
第一层轮辐状结构	每个分支一分，求和；乘以1；	1	2
第二层轮辐状结构	每个分支一分，求和；乘以2；该层的所有轮辐状结构求和	2	24
第三层轮辐状结构	每个分支一分，求和；乘以3；该层的所有轮辐状结构求和	2	33
轮辐状结构	整个概念图的所有轮辐状结构得分求和	5	59
线状结构	每个概念一分，含有的所有概念求和；乘以该线性结构起始概念所在的层级数 0 0		
线节点	每个线节点1分，求和	0	0
叶节点	每个叶节点1分，求和	21	21
总分	80分		

五、概念图评价信度和效度分析

基于相关研究的成果显示，将概念图应用于教师的个体知识评价研究是具有充实的理论依据和实证支持的。如何构建和评价概念图，使其具有较高的信度和效度，是我们发挥概念图评价功能时所必须面对和解决的一个重要问题。

1. 评价信度

信度即可靠性，它是指采用同样的方法对同一对象重复测量时所得结果的一致性程度。信度的判断没有统一的标准，有专家认为，优良的教育测量至少应该具有 0.8 以上的信度系数值（Camines &Zeller,1979;Henson,2001;Log,2001）。对于概念图来说，选择不同的评分方法、不同构图任务要求、不同时间和不同的评分者都可能影响概念图评价的信度。

具体而言，概念图评价信度高低的影响主要包括以下几个方面：教师绘制概念图熟练程度的不同；概念图所评价知识主题内容的异同；概念图评价过程与方法的一致性。有研究认为，对评分方法的选择会直接影响概念图评价的信度。[①] 已有研究显示，新结构评分法更适宜进行开放型概念图试题的评分。

另外，由于概念图评价或多或少会受评分者主观因素的影响，评分者之间的差异也是一个影响信度的来源，由此我们必须在确定概念图题目内部一致的前提下，研究评分者之间的一致性程度，计算评分者信度。

2. 评价效度

效度即有效性，它是指测量工具或手段能够准确测出所需测量的事物的程度。信度是效度的必要而非充分条件。因此，进行概念图评价工具的效度分析是本研究非常重要的工作。

作为一种测评方法，对概念图信度和效度的研究。诺瓦克经过 12 年的研究得出，概念图是有效的评估工具，Ruiz-primo 等研究者通过实验研究，确认概念图具有较好的信度和效度。但国内在引荐并应用概念图进行评价研究过程中，有关其本土化的信度和效度研究是目前概念图应用研究急需解决的一个问题。有关概念图方法信度的研究就要考虑测评者能否可信地给概念图评分，被测者能否在不同情景下画出相同或相似的概念图，多大规模的概念图能够可信地测评出学习者在这一领域的知识；对于概念图测评方法效度的研究更是阙如，概念图评价的效度受构图和评估两方面的影响。本研究针对概念图评价的这种主观性不足，认为在研究过程中建立一个完备的物理教师课程知识概念图评价指标体系，是确保教师课程知识概念图评价信度和效度的重要保障。

---

① Mc Clure J R, Sonak Brian, Suen H K. Concept Map Assessment of Classroom Learning: Reliability, Validity & Logistical Practicality. Journal of Research in Science Teaching .1999, 36(4): 475–492.

第三章
中学理科教师个体知识评价的案例研究

第一节　中学理科教师个体知识概念图评价方案研制

一、评价流程设计

利用概念图对中学理科教师个体知识水平进行评价的基本流程包括评价任务的开发与设计、确定评分标准及计分方法、进行概念图培训与制作、实施评价、总结评价结果等。

（一）评价任务开发与设计

中学理科教师个体知识本身就是复杂的、结构化的，为了更好地挖掘教师脑海中知识的实际类型与结构等特征，基于概念图评价工具的优势进行中学理科教师个体知识的评价研究。本研究所关心的主要问题不是依据概念图评价指标和方法给教师划分等级，而是要用这些相对性的结论，发挥评价的预测、导向、激励等功能，促使中学理科教师更好的改进教学，提升个人专业知识结构和素养。

在进行测评之前，由高校物理教育专家、研究生、优秀教师共同协商，围绕评价任务的主题描述、作答方式及相关要求等进行设计，形成一个初步方案后，小范围选样进行试测，围绕试测过程中发现的问题和绘制的概念图情况等进行修正，形成正式的任务主题描述和作答方式等的文本内容，作为正式研究使用。

（二）确定具体评分标准和计分方法

本研究中的概念图一方面用作教师个体知识评价的工具，此时，需要使用新结构评分方法进行评分；同时，针对不同的概念图题型也会选取不同的评分标准。另一方面，基于课程资源的开发与利用、探究式教学的教师个体知识评价研究中，概念图的表征功能会得到充分发挥，通过概念图呈现不同版本教科书的内容和结构、通过概念图呈现优质课的一些教学片段和内容，从而来判断、梳理其中蕴含的教师个体知识情况。此时，就不需要使用概念图评分方法进行准确计算分数，而是一种内容分析法，即结合定量与定性的研究方法来评价。

（三）进行概念图培训与制作

为了更好地引导教师利用概念图建构知识结构，进行概念图概念介绍及绘制方法的培训非常重要，这一流程包括概念图制作的准备活动和概念图制作活动两个阶段。通过研究比较，笔者认为制作概念图可以通过以下基本过程来完成，具体如图 3.1 所示。

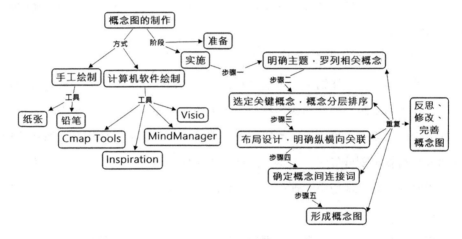

图 3.1 概念图的制作概念图

概念图的创作可以是手工绘制，也可以是软件绘制，常用的绘制工具有 Cmap Tools、Inspiration 等，甚至一些思维导图软件，如 Mind Manager, Visio 都可以实现概念构图。诺瓦克及其合作者高温在"学会学习"一书中系统介绍了概念图制作过程，针对小学一年级到大学的不同年龄层次进行了系统的分段介绍。①

总的来说，概念图的制作过程没有固定、统一的模式可循，不同年龄阶段构图者的构图过程多少都会有所差异，但在制作过程中还是会包含一些关键要素。概念图的构建一般划分为两个阶段，首先，是概念图制作的准备阶段，针

———————————

① 方展画主译 . 约瑟夫·D. 诺瓦克，鲍勃 . 高温著 . 学会学习 [M]. 武汉：湖北教育出版社，1989.24-40.

对不同年龄阶段的构图者，通过举例，进行概念内涵及概念图意义的介绍，并选取构图者熟悉的知识领域进行练习。

其次，是概念图制作的实施阶段，在进行了概念图制作的准备活动之后，概念图的构建过程主要涉及以下几个方面。一是明确主题，围绕选定的知识范围，罗列相关概念。二是选定关键概念，概念分层排序，将含义最广泛、包容性最大的概念置于顶层，将一般性和广泛性为其次的概念依次排列，以此类推，直至所有的概念都按照等级排列完毕。三是布局设计，将按照等级排列的概念作为制作概念图层级结构的依据，遵循"纵向分层，横向分支"的原则对其层级布局进行设计，使脑海中的知识结构具体化、层次化。四是确定连接词，围绕概念间的意义联系，让构图者选择适当的连接词进行连接；同时，确定图中可以交叉连接的概念，培养构图者的创新思维。五是形成概念图，初次制作出围绕某一知识领域的概念图，但绝大多数布局是不美观的，或者连接有误，通过构图者之间的交流，或者构图者对该领域理解的日益深入，可重新制作一次或多次，进而完善概念图。

（四）计分评价

按照流程中的第二环节所制定的评价指标对中学理科教师的概念图进行评分。本研究后续实证研究部分的概念图定量分析，所依据的评分方法就是前文所阐述的评价指标体系的量化处理表。

（五）总结评价结果

基于概念图对中学理科教师个体知识的现状与水平等结果进行总结评价，关注教师在制作概念图过程中所存在的问题，为教师形成与发展个人知识体系提供指导和帮助。

（六）反馈并循环实施评价

将评价结果适时反馈给被评价教师，并引导中学理科教师围绕待评价的知识主题进行再一次的概念图修改与完善工作，如此循环往复的过程中进行中学理科教师个体知识的有效评价并提升教师个人的知识水平。

二、概念图评价方案的结构与案例

概念图评价方案的结构主要由三部分内容组成。一是评价任务的理论分析与概念图评价框架的确立；二是评价过程设计与实施，主要包括样本选择、工具开发、实施过程和数据处理与分析；三是对评价任务的概念图评价结果的讨论与总结。

为了更好地进行基于概念图的中学理科教师个体知识评价的实证研究，本研究结合义务教育物理课程标准的主体内容与框架对概念图评价方案的结构与工具开发过程进行深入探讨，对四种概念图评价试题及各种评分方法进行比较研究，为后续实证研究奠定基础。

（一）案例研究目的

一是探索利用概念图评价准教师"义务教育物理课程标准（2011 版）"理解程度的合适方法。

二是借助 SPSS 中文版统计软件的数据分析过程，对不同概念图评分方法的信度和效度问题予以解释说明。

三是通过对教师课程标准知识的领悟与解读情况的测查研究，为后续教师课程知识概念图评价的实证研究奠定基础，包括概念图任务的设计、评价过程的实施、评分方法的选择及评分过程的熟练度和评价结果的分析等。

四是对诺瓦克的经典结构评分法与本研究的新结构评分法进行分析，比较哪种结构评分法更适合开放型概念图试题的评价。

（二）研究思路

概念图评价方案的具体实施过程主要包括研究样本的选择、制图者的培训、进行测试和选择方法评分四个阶段。

1. 样本选择

基于本研究的研究目的和研究内容需要，本研究样本的选择来源于不同发展阶段的教师群体。一部分是来自于省属师范院校的准教师。另一部分是来自工作在教学第一线的初中物理教师，按照教师发展水平的差异以及教龄等特征。我们把这一群体的教师分为新手型教师、成手型教师和骨干型教师三类。其中，新手型教师的教龄一般在 5 年以内；成手型教师的教龄在 6—15 年之间；骨干型教师的教龄在 15 年以上；教龄在 20 年及以上的称为专家型教师，专家型教师还要满足职称是高级或特级教师荣誉，任教学校是当地知名的学校。

2. 培训制图者

本研究以教师对义务教育物理课程标准的理解研究作为案例，研究样本来自研究者所工作的学校和协作校。研究者围绕"义务教育物理课程标准（2011年版）"概念图的绘制，开展了系列研究工作，具体概念图制作培训过程与方法如下：

首先，介绍概念图的含义、构成及用途。结合诺瓦克绘制的概念图的概念图进行说明，同时围绕所选样本熟悉的内容进行了绘制概念图的过程示范，以便于教师对概念图的图形要素和基本规范有所了解。

其次，讲解概念图绘制的一般步骤。一是，选择概念；二是建立分支（将概念分类）；三是建立水平层次（将概念按照包容度大小上下排列）；四是建立同一分支下概念间的连接线，写上连接语；五是建立不同分支下概念间的连接线，写连接语；六是写出例子。

再次，以人教版（2011 新课标版）第三章"物态变化"知识为背景，选取具体内容，要求教师制作概念图，进行练习。

第四，将教师中制作水平高的学科知识概念图呈现给全体样本，并引导大家分析这些概念图，进一步与所选样本人员一起归纳概念图的绘制方法与规范，不断提高教师制作概念图的水平。保证概念图的绘制水平不会影响最后测评的结果。

3. 实施评价

由于选取的样本都是笔者所在学校的准教师或协作校的初中物理教师，因此，教师们的绘图过程非常认真，从而一定程度上保证了概念图的质量。下图就是一位准教师制作的概念图。

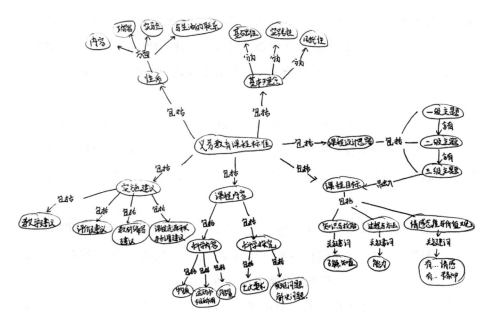

图 3.2 准教师制作的概念图示例

4. 进行评分

本研究针对准教师构建的概念图作品，采取诺瓦克的结构评分法、总命题评分法和新结构评分法进行评分，将数据利用 SPSS 统计软件进行录入和分析。从评分结果出发，分析三种评分方法的信度和效度问题，同时，归纳出被评者的课程知识结构与水平。

针对不同的概念图评价试题采用适宜的评分方法进行评分整理。以开放型概念图试题的评分过程为例进行评分说明。我们为 52 位准教师所绘制的概念图编号 1–52[①]。采用三种不同的评分方法对其进行评分。记录每种方法评完 52 个准教师概念图所用的评分时间。我们所采用的评分方法有：总命题评分法、新结构评分法和经典结构评分法。研究者是基于对三种评分方法的不同特点的考虑。因为总命题评分法与关系评分法相似，评分细则比较清楚，通过使用总命

[①] 编号前，依据学生随堂作业成绩及平时表现，将学生的试卷分为对等的两份。编号时前 26 号学生与后 26 名学生的个体知识水平是近似相等的。例如：1 号与 27 号、2 号与 28 号、3 号与 29 号，如此等等，对应的学生知识水平相当，为后续的折半信度分析做好准备。

题评分法评分可以使评分者更充分的把握学生的理解，从而减小使用新结构和经典结构评分方法时产生的误差；经典结构评分法则更为注重构图形式，放在最后；而新结构评分法要求对概念图进行分割并简化出示意图，图 3.3 是图 3.2 准教师概念图的简化图，这有利于经典结构法的分值计算，因此放在经典结构评分法之前进行。

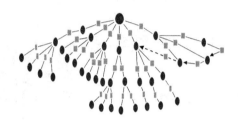

图 3.3　准教师概念图的基本结构示意图

评分时，将每个准教师概念图的得分单独记录，不能在准教师概念图上做标记。准确记录分别用每种方法评完 52 个图的时间。具体做法是先根据总命题评分法，对 52 位准教师的概念图进行评分。然后，针对每位准教师的概念图原图，按照新结构评分法的要求对其进行简化，制作出 52 位准教师概念图的示意图。最后按照新结构评分法和经典结构评分法的赋分要求算出每一位准教师概念图的分值并填入表格。全部评分完毕后，将数据结果录入计算机系统。

（三）数据分析与处理

1.填空型概念图试题结果分析

在对初中物理教师的一次培训中，笔者将概念图的相关内容结合培训项目进行了介绍，并现场采用填空型概念图试题对教师进行了测评。

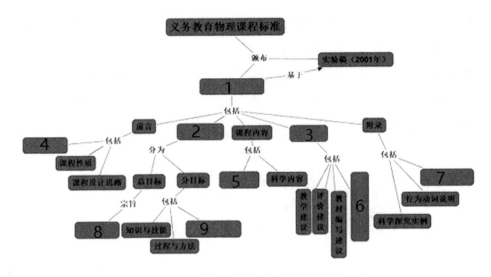

图 3.4 填空型概念图测试题截图

具体试题说明详见附录 1 中的第一个热身活动，围绕"义务教育物理课程标准"展开的，要求教师将概念图中空白处填上自己理想的答案。总共 9 个空，13 位教师的回答情况如下表 3-1 所示。根据填空型试题的评分方法，每个空的回答完全正确得 2 分，回答不完全正确但合理的给 1 分，不答或回答错误 0 分，汇总 13 位教师的得分参见此表最后一列。表格中文字加底纹的为全对的回答，部分文字加粗的为答案比较合理或部分合理，给 1 分，其余无标记的均为 0 分。

表 3-1 被试填空型试题回答情况统计表

教师	空一	空二	空三	空四	空五	空六	空七	空八	空九	得分
答案	修订版（2011年）	课程目标	实施建议	课程理念	科学探究	课程资源的开发与利用建议	学生必做实验	科学素养	情感态度与价值观	18分
JS1	2001年	教学目标	教材分析	课程目标	实践内容	教学反思	教材建议	运用知识	情感态度价值观	3
JS2	2001年		建议	课堂内容				学生发展	情感态度价值观	4
JS3	2001年	课程目标	课程建议	课程概括	教学内容	反思建议			情感态度与价值观	5

教师	空一	空二	空三	空四	空五	空六	空七	空八	空九	得分
JS4	2011年	教学目标	教材分析	课程理念	知识内容				情感态度与价值观	7
JS5	2011年		课程标准	思想教育	科学方法			基本技能	情感态度与价值观	6
JS6	教学目标	目录	教材说明	课程标准	情感内容	教学反思	知识准备说明	态度情感	情感态度与价值观	2
JS7	2001年	目录	课程建议	课程要求	实践内容	课程实施建议	原理公式介绍	教材分析	情感态度与价值观	6
JS8	定稿	教学方针	相关建议	课程地位	德育内容	教学方法建议	实验材料说明	教学目标	情感态度与价值观	6
JS9		教学目标	教学策略						情感态度与价值观	4
JS10	2001年	教学目标	教材分析	课程目标	实践内容	教学反思	教材意图	运用知识	情感态度与价值观	5
JS11	2011年	教学目标	教学建议	课程目标	教育内容				情感态度与价值观	6
JS12	2001年	教学目标	实施建议	课程基本理念		课程开发与利用建议	学生实验说明		情感态度与价值观	11
JS13	2011	教学目标	教材分析	课程基本理念	课时安排	课程开发与利用	学生实验		情感态度与价值观	10

　　虽然通过填空型概念图的方式，对课程标准的一些内容都给出了一些提示，但13位教师的平均得分只有5.8分，达到及格分数10.8分以上的只有一位教师，从这些数据可以看出被试对2011版义务教育物理课程标准的整体框架还是很陌生的。通过进一步访谈了解到，这些城镇中心校的教师在平时的工作中基本是不看课程标准的，主要看的是教师教学用书和考试说明。九个空白，13位教师唯一一个都答对的内容是三维目标中的"情感态度与价值观"，可见经过课改多年的耳濡目染，一线教师对"知识与技能、过程与方法、情感态度与价值观"的三维目标已经非常熟悉。从表格的回答内容，可以看出多数教师更倾向于从自身的教学工作出发去思考问题，如此出现"教材分析、教学目标、教学

方法、教学反思"等词汇也就不足为奇了。

2. 结构型概念图试题结果分析

考虑准教师在日常学习中比较关注课程标准，所以对他们的测评试题难度稍高一些，围绕同样的义务教育物理课程标准的框架内容，改编为一道结构型概念图试题如下图所示，对准教师进行了测评。

请用以下概念图模板图 3.5 制作一张"义务教育物理课程标准内容与框架"关系的概念图。

参考节点：义务教育物理课程标准、科学素养、实验稿（2001）、修订版（2011）、前言、课程理念、课程性质、课程设计思路、教学设计思路、课程目标、教学目标、知识与技能、过程与方法、情感态度与价值观、课程内容、实施建议、总目标、科学探究、科学探究实例、分目标、科学内容、学生必做实验、教学建议、教材分析、评价建议、教材编写建议、课程资源的开发与利用建议、教科书的二次开发、行为动词说明、附录。

参考连接词：版本、有、基于、包括、分为、宗旨、内容、框架等（连接词可重复选用或拟定其他适合的词语）。

使用说明：

a. 请在椭圆内填入参考节点。

b. 请在每条连接线上填写一个连接词。

c. 本模板仅供参考，可以自行修改绘制概念图。

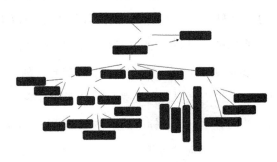

图 3.5 结构型概念图试题答题模板

对于结构型概念图试题的评分方法经常采用的是关系评分法，关系评分法则只依次关注命题的三个方面，即概念间存在的联系（有联系得 1 分）、连接词的正确性（也正确得 2 分）以及表示两概念间层次或因果关系的方向箭头（都正确得 3 分），参考答案如下图 3.6 所示。

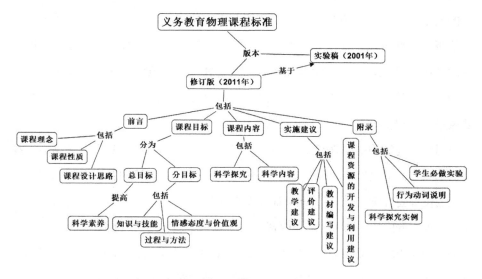

图 3.6 结构型概念图试题参考答案

依据标准概念图可以算出共有 26 个命题，采用关系评分法规则计算满分为 78 分。统计填答不准确的概念节点及命题情况如下图所示。这是利用 SPSS 软件录入的一部分数据截图。

编号	概念节点选择	连接词选择	关系法评分得分	错误命题	合理命题未扣分
1	全对	提高	78		
2	全对		78		
3		是	75	附录包括附录；	
4		是	75	课程目标分为教学目标	
5	全对		78		
6			75	课程目标分为教学目标	总目标包括分目标
7	全对	提高	78		
8			75	分目标有教学目标	总目标分为知识与技能、过程与…
9			76	总目标包括科学素养	
10		提高	75	课程目标包括发展方面	
11			69	课程目标分为教材目标、教学目标；教材分析然后教科书二次开发	
12			75	总目标如何教学目标空连接词	
13	全对		78		
14	全对	提高	78		
15	全对	提高	78		
16		主体有	72	总目标也是教学目标	

图 3.7 被试回答情况数据统计示意图

可见，准教师对概念节点选择的准确率还是非常高的，命题中相互之间关系的连接词选择也很合理。在义务教育物理课程标准中有关"课程目标"这一块的理解比较薄弱，扣分基本扣在这一个分支的作答上。将分目标写成教学目标的同学非常多，在教学目标下罗列了知识与技能、过程与方法、情感态度与价值观。由此可以推断，职前教师与城镇的一些一线教师对课程标准中课程目标的理解、课程目标与教学目标之间的关系理解还是很模糊的，多数同学将其混为一谈。课程目标、教学目标、总目标、分目标等概念之间的关系如何？需要做进一步澄清。

对于试题结构中概念节点放置位置差异比较大的是"课程目标"分支中一些空格的填写，对这些准教师的概念图进一步分析发现，课程目标和课程内容两个分支的位置会有所不同，多数同学都会按照标准概念图中的位置填写"课程目标"，但也有少部分同学先填写"课程内容"，在对应三维目标的位置填写"物质、能量、运动与相互作用"，而在填写课程内容的地方填写"课程目标包括总目标和分目标"这一命题，这从内容表述上都是合理正确的，所以对于这种情况都没有扣分。

单从得分来看，准教师的作答成绩都非常好。如此就面临一个问题，结构型概念图试题的测评效果的差异性不明显，而且，我们不能判定选择填写三个主题名称的被试错误，但也不能给完全从给定概念词中选词填写全对的被试满分之外的分数。

3. 构建型概念图试题结果分析

本研究采用总命题评分法、经典结构评分法和新结构评分法对 52 份准教师绘制的概念图进行了评分。并采用 SPSS 软件进行了数据录入和分析。数据分析的详细情况如下。

（1）评分法信度分析

a. α 信度系数法

本研究采用 α 信度系数法检测三种评分方法得分之间的内部一致性情况。此方法由克隆巴赫在 1951 年创用，α 系数愈高，代表量表的内部一致性愈佳，信度愈高。

表 3-2　可靠性统计量

可靠性统计量		
Cronbach's Alpha	基于标准化项的 Cronbachs Alpha	项数
0.786	0.935	3

本研究的 α 系数为 0.786，具有良好的信度，说明三种评分方法得分之间的内部一致性较好。

b. 折半信度法

依照被评者知识水平的相近程度将概念图分为两半，计算这两部分分数的皮尔逊积差相关系数（只代表半个测验的信度），再用斯皮尔曼—布朗公式（Spearman-Brown）对此系数进行矫正，分别求得三种评分法的折半信度。下表列出了三种评分法的相关系数及其矫正值。

表 3-3　折半信度法统计结果

	总命题评分法	经典结构评分法	新结构评分法
Pearson 相关性	.973**	.716**	.864**
显著性（双侧）	.000	.000	.000
Spearman-Brown	.998**	.692**	.789**

**. 在置信度（双测）为 0.01 时，相关性是显著的

该表显示，不同评分法之间的得分基本是一致的，尽管使用不同评分法的信度有所差异，但这种差异从理论上可以理解。本次评价的概念图构图任务属于开放型试题，总命题法从命题出发，自然可以提高评分的信度；经典结构评分法从结构出发，结构的认知与判断需要更为高级的思维加工，评分者从自己的理解出发对概念图的知识结构进行分析，认知负担过重，从而导致评分时标准不唯一，发挥不稳定，降低了经典结构法评分的信度；新结构评分法与经典结构评分法相比，对概念图进行结构分割赋分，并统计叶节点数目加分，类似于总命题法对命题的统计分值，因此，其信度高于经典结构评分法就不难理解

了。由此可见，新结构评分法即兼顾总命题法的优势（针对开放性构建概念图试题任务，一定意义上而言，命题数量越多，说明对该领域的认知越丰富，自然总命题得分会更高一些），又发挥了概念图对认知结构的表征优势。

（2）评分法效度分析

本研究对三种不同评分方法所得分值求和，得出52位被测者的总分数列。统计分析主要采用单项与总和相关效度分析内容效度，即计算每种评分法得分与三种方法所得总分的相关系数，如果相关系数不显著，表示该方法鉴别力低；相关系数越高，则效度越高。总命题评分法得分与总分、经典结构评分法与总分、新结构评分法与总分的相关性统计结果见表3-4、3-5和3-6。

表3-4 总命题评分法得分与总分

相关性			
		总分	总命题评分法
总分	Pearson 相关性	1	.929**
	显著性（双侧）		.000
	N	52	52
总命题评分法	Pearson 相关性	.929**	1
	显著性（双侧）	.000	
	N	52	52

**. 在 .01 水平（双侧）上显著相关。

表3-5 经典结构评分法得分与总分

相关性			
		总分	经典结构评分法
总分	Pearson 相关性	1	.897**
	显著性（双侧）		.000
	N	52	52
经典结构评分法	Pearson 相关性	.897**	1
	显著性（双侧）	.000	
	N	52	52

**. 在 .01 水平（双侧）上显著相关。

表3-6　新结构评分法得分与总分

相关性			
		总分	新结构评分法
总分	Pearson 相关性	1	.984**
	显著性（双侧）		.000
	N	52	52
新结构评分法	Pearson 相关性	.984**	1
	显著性（双侧）	.000	
	N	52	52

**. 在 .01 水平（双侧）上显著相关。

从以上统计分析的结果来看，新结构评分法的效度最高，经典结构评分法的效度相对低些，总命题法居中，但三种不同的评分方法都能有效的测评出教师的知识水平与程度。分析原因发现：经典结构评分法不侧重命题，构图结构是评分的重点，导致该评分方法所得分值与总分的相关性略低了一些。

（3）评分法所用时间分析

分析三种不同评分法所用时间的目的在于对三种评分法的实际可行性做一论证。

评分时，准确记录分别使用每一种评分方法评完所有概念图的总时间，每一种评分法评一个概念图所需平均时间，即用总时间除以 52。表3-7 是对每种评分方法的评分总时间和所用平均时间的汇总。平均评一个图所需时间的范围是 3.8 分钟~6.5 分钟，3.8 分钟是采用诺瓦克经典结构评分法的时间，6.5 分钟对应总命题评分法。

表3-7　三种评分法的评分时间统计表

评分法	总命题评分法	经典结构评分法	新结构评分法
评分总时间（min）	340	200	230
平均时间 (min)	6.5	3.8	4.4

注：评 52 个概念图的时间精确到 1 分钟，评每个概念图的时间精确到 0.1 分钟。

总命题评分法关注命题的正确性，要求评分者仔细读图，分析概念、连接词的选取是否有意义，自然比较费时。经典结构评分法首先关注的是层次，层次看似很难把握，但事实上，学生构建的概念图比较简单，一般只有两三个层级，而且举例较少，因此，判断起来并不难，反倒评分最快。而新结构评分法需要进行概念图结构分割并绘制出简易示意图，需要对四个元素进行分值统计，因此，时间介于总命题评分法和经典结构评分法之间。

（4）概念图各组成部分统计分析

a. 层级数量分析

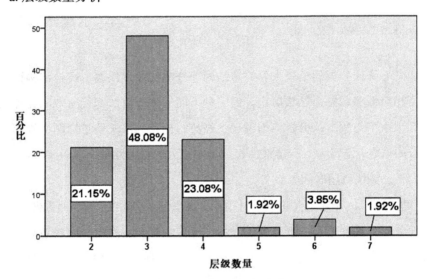

图 3.8 概念图所包含层级数量统计条形图

图 3.8 是本次测评概念图层级数量的统计结果显示，学生构建的概念图层级结构比较简单，以三层结构为最多，二、三层合计占总人数的 69.2%，四层及以下的人数则占到了 92.3%，超过四个层级的只有四人，具体情况如下表 3-8 所示。

表 3-8 层级数量统计表

层级数量	频率	百分比（%）	累积百分比（%）
2	11	21.2	21.2
3	25	48.1	69.2

4	12	23.1	92.3
5	1	1.9	94.2
6	2	3.8	98.1
7	1	1.9	100
合计	52	100	

b. 交叉连接情况

依据诺瓦克的概念图理论可知，交叉连接的数量与质量反映了绘图者对该领域的理解与领悟水平，更能反映构图者的认知结构。本研究学生所构建的课程标准概念图中，交叉连接数量较少，没有交叉连接的学生占总人数的67.31%。具体比例情况如下图3.9所示。从图中，我们会发现有一位绘图者的交叉连接竟然有13个，进一步研究发现该学生也是经典结构评分法和新结构评分法中得分最高的人，可见，该同学知识结构的表征能力还是很强的，对该领域知识的理解具有一定的深度和水平。

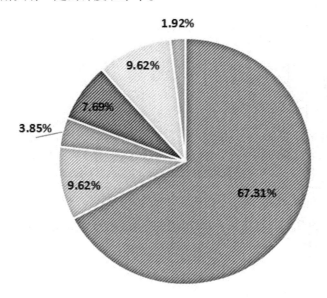

图 3.9　概念图所包含横向连接数量统计饼图

c. 基本结构分析

线状结构和轮辐状结构是概念图的两种最基本的结构类型，通过本次测评发现，学生的概念图结构以轮辐状为主，具体统计数据如表3-9、图3-10、图3-11所示。学生对线状结构的使用比较少，对选用线状结构的那一部分学生的概念图进一步查阅发现，其选用的位置主要是在科学探究七个要素（一种误区，将七个要素理解为七个步骤、环节的体现）的表征和科学内容三级主题的展开上。

表3-9　学生概念图结构类型统计表

统计量			
		线状结构	轮辐状结构
N	有效	52	52
	缺失	0	0
众数		0	6
极小值		0	2
极大值		13	26

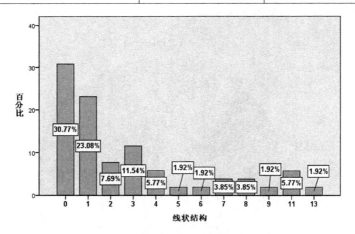

图3.10　学生绘制概念图中包含线状结构数量统计图

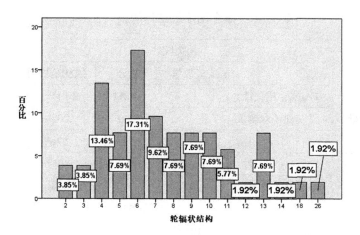

图 3.11　学生绘制概念图中包含轮辐状结构数量统计图

d. 概念图各种成分相关性分析

采用 spss 软件对概念图的层级结构、线状结构、轮辐状结构及总分之间进行了相关性分析，结果如下表 3–10 所示。

从表中可以看出，概念图总分与轮辐状结构显著相关，表明学生的概念图作品主要是以轮辐状结构组成。线状结构与层级数量之间的显著相关，进一步分析概念图作品发现，学生对线状结构的使用并不多见，层级数量也是以两三层为主，而采用线状结构进行知识表征，是导致学生的层级数量能够多于三层的主要原因。

表 3-10　概念图层级结构的相关性分析

相关性					
		层级数量	总分	线状结构	轮辐状结构
层级数量	Pearson 相关性	1	.592**	.610**	.575**
	显著性（双侧）		.000	.000	.000
	N	52	52	52	52
总分	Pearson 相关性	.592**	1	.580**	.851**
	显著性（双侧）	.000		.000	.000
	N	52	52	52	52
线状结构	Pearson 相关性	.610**	.580**	1	.351*
	显著性（双侧）	.000	.000		.011
	N	52	52	52	52
轮辐状结构	Pearson 相关性	.575**	.851**	.351*	1
	显著性（双侧）	.000	.000	.011	
	N	52	52	52	52
**. 在 .01 水平（双侧）上显著相关。					
*. 在 0.05 水平（双侧）上显著相关。					

（四）研究基本结论

《义务教育物理课程标准》是初中物理教师解读教材、实施教学、进行教学管理和实现新课程理念的重要依据。标准的制定和实施对我国的物理教育教学改革产生了深刻影响，基本实现了对传统"学生学习方式""教师教学方式""师生互动方式"和"教学评价方式"的变革，赋予了教师更多的课程自主权。作为工作在教育第一线的广大初中物理教师，学习、理解和执行《义务教育物理课程标准》是每一位物理教师当前最重要的任务。

本部分借助于概念图工具对职前教师的课程标准认识情况进行了初步研究，基本结论总结如下。

1. 概念图作为一种评价工具的研究结论

（1）不同类型概念图试题的测评效果存在差异

填空型概念图试题既可使评分容易，又能利用概念图来考察教师联系已有的知识信息记忆、理解并呈现义务教育物理课程标准相关知识内容的能力。笔者实证研究之前认为，填空型概念图试题由于图中已经呈现了正确概念框架，因此构图难度比较低，教师会比较容易作答。但测评结果并不理想，可见，教师对课程标准相关内容的记忆水平一般。通过填空型试题发现乡镇教师对义务教育课程标准修订版基本的出版年代都不清楚，可见日常工作中，教师对课程标准的翻阅程度是有限的。

通过填空型概念图试题和结构型概念图试题的分析，我们发现不能根据调查结果判定准教师对课程标准的熟悉程度优于乡镇教师，因为填空型概念图试题考查的属于记忆水平的课程知识，而结构型概念图试题给出了概念节点范围，一定意义上而言，准教师虽然也没记住相关内容，但可以通过反复斟酌决定填答内容，答对的几率还是比较大的。通过结构型概念图试题发现准教师课程目标与教学目标之间的关系比较混乱，这也是本研究的收获之一，针对这一突出问题，需要提出有效的改进建议。

（2）新结构评分法更适宜进行开放型概念图试题的评分

通过统计分析每种评分方法概念图得分与总分之间的相关性，发现经典结构评分法的效度排在第三位，而新结构评分法的效度最高。毕竟概念图是表征知识结构的工具，而此项实证研究数据显示，新结构评分法很好地兼顾了结构评分法和总命题评分法的优势。

概念图作为一种评价工具的应用，相对属于比较耗时的过程，主要体现在制图时间和评分时间两方面。本研究通过对评分时间的记录，发现三种不同的评分方法所用时间是不同的。一种评分方法并不是信度和效度好，就一定会被研究者所采用。如果这种评分方法耗费时间太多或经济效益不好，同样不能被称为一种好的概念图评分方法，势必很难被广泛推广与使用。总命题法有着很好的信度和效度，但在实用性方面相对比较费时；经典结构评分法的效度略低，但相对最省时；而新结构评分法的效度最高，信度也很好，同时评分用时又介于中间，因此，综合考虑几种评分方法，本研究认为，新结构评分法是一种非常具有实用价值的概念图评分方法，尤其适用于开放型概念图的评分过程，其优势更加明显。

2. 教师对物理课程标准的理解

（1）准教师对课程标准的理解水平不高

这可以从准教师构建的概念图形式的单一性得到证实，同时，依照新结构评分法的得分情况来看，在平均分 118 分以上的仅有 17 人，占总人数的比例不过三成，可见，准教师整体对课程标准的领悟水平不容乐观。同时，根据平均分上线人数的统计也可以看出，准教师内部对课程标准的理解与领悟水平存在着很大差异。分析准教师绘制的概念图，发现构图者对概念图每一部分的表征，主要是以该部分的小标题为主，缺少与教师备课、教学、考试评价及国家课程管理、校本化课程实施等方面的知识联系，这一定意义上说明了，学生课程知识水平还处于简单、割裂的状态。对课程标准的理解也是一种静态、条目的认识，还不能融会贯通地加以运用，处于课程知识的记忆水平。具体表现在以下几个方面。

首先，表现在连接词的选用比较单一。初步统计，"包括"是所有连接词中被使用频次最高的，而像"地位""依据"之类的连接词较少被使用，可见学生对课程标准的内容框架理解较好，能够梳理出层级关系，但有关课程标准的地位、作用、理念、目标等方面的课程知识比较匮乏，对课程标准与教师的教学、考试评价之间的关系不够清晰。

其次，准教师对节点概念的提取不够精练。有的绘图者，甚至将一段话都放到框格里，这是不符合概念图构图美观性和规范性的要求。同时，也反映了学生对课程标准相关知识的理解深度不够，所以，很难在短时间内提取出精炼、准确的关键用语来表征自己的理解和观点。

第三，准教师构建的概念图结构比较单一。由准教师所绘制的概念图整体可以看出，层级数量较少，横向联系比较匮乏，主要是轮辐状结构组合，线状结构比较少见。可见，学生脑海中有关课程标准的知识呈现的是一种发散的结构，缺少对课程标准整体关系融会贯通的理解，是一种单一的框架式认识，这也可以从前面所说的连接词过于单一，以"包括"为使用频次最高的结论予以佐证。

（2）乡镇教师对物理课程标准的重视程度不够

物理课程标准是物理教师课程知识的重要内容，尤其在我国进行基础教育课程改革的重要时期，对于课程标准的领会和理解更显重要。换言之，在一定程度上对物理课程标准的掌握已经成为衡量物理教师课程知识水平的重要指标。

本次对沈阳周边乡镇教师的调查只是考核了义务教育物理课程标准框架内容的熟悉程度，属于记忆水平的测评，从作答情况可以看出乡镇教师对课程标准整体框架比较陌生。

可见，在实际教学工作中，乡镇物理教师对课程标准不够重视，导致对课程标准内容的掌握还不够全面和深入。这一方面是因为课程改革是一个漫长的历史过程，不能一蹴而就，另一方面也与教师紧跟中考指挥棒，无暇深入学习和研究课程标准有关。

（3）教师对课程目标与教学目标的关系理解模糊

无论准教师，还是乡镇教师，在有关课程目标的理解方面都存在不清晰的情况，将教学目标与课程目标混为一谈。结合概念图作答情况，与教师的访谈中发现，乡镇教师不仅是对课程目标不清晰，就连平时常听常见的"教学目标"，多数教师的重视程度也是不够的，甚至有教师认为教学目标就是物理教师备课稿的"写作格式"要求，于实际的课堂教学无益。有时为了应付检查而写教案时，多数教师从不自己动脑设计教学目标，而是照抄教师用书或他人教学设计中的教学目标。可见，教学目标在部分教师脑海中就是一个空架子，形同虚设。如此一来，一些教师的目标设计形式化，语言描述抽象、模糊，缺乏操作性，三维教学目标逻辑关系不清、层次错误，行为动词使用不当等问题就屡见不鲜了，教师不清楚课程目标与教学目标之间的关系也就不难理解了。

教学目标和课程目标是既有联系又有区别的两个概念，其实，二者之间的关系也是很好辨析的。教学目标通常是指通过一系列的教学活动要达到的目标，更加详细和具有可操作性；而课程目标是指通过一门课程的实施要达到的目标，课程目标一般都比较宏观。从这个含义上来看，教学目标应该是从属于课程目标的，教师在制定教学目标时要依据课程目标，换言之，可以认为教学目标是课程目标的具体化。例如，课程标准中在物态变化部分要求：会测量温度。教师如果拿来就用，将自己的知识与技能目标设计为"会用温度计"，这一目标的设计就属于不妥当的，没有分清课程目标、内容标准与教学目标之间的层次关系。因为，义务教育物理课程标准中的内容标准是课程目标的细化，但它不是详细的课时教学目标，因此，不能以具体的内容标准来代替相应的教学目标，教师应该根据课程目标、具体内容标准要求、教材内容和所教学生的实际情况来设计合理、适宜的可操作性强的教学目标。教师可以将本节课的知识与技能目标设计为"学生会利用温度计测量常见物体的温度，能正确读出并记录温度计示数。"

义务教育物理课程以提高学生科学素养为宗旨，并针对当前基础教育教学中存在的问题进行了修正，体现了课程目标的完整性。初中物理教师应该认识到三维课程目标是一个有机整体，不能把它们割裂开来分别操作。也就是说，教师在进行课程实施活动中，必须把三维目标的各项要求融为一体，知识与技能目标中的"知识"一般是指物理概念、规律等，而技能是指观察、计算、阅读、理解以及实验操作等行为，知识与技能目标是要求学生"学会"；过程与方法主要是发展学生的分析问题、解决问题的策略，强调在学习过程中理解知识、掌握方法，这一目标是要求学生"会学"；情感态度与价值观目标主要是发展学生的非智力因素，从而实现学生的"乐学"。

本节围绕概念图评价技术的几个难点问题进行了针对性的解析，而在对义务教育物理课程标准理解情况的测评研究案例中，主要解决了三个问题。一是对于填空型、结构型、限制型和开放型四种不同类型的概念图试题测评效果的优劣进行了分析比较。二是对于总命题评分法、诺瓦克经典结构评分法和新结构评分法三种不同的概念图评分方法进行了比较。三是在进行不同题型回答结果的数据分析中，更加清晰了不同阶段教师对于义务教育阶段物理课程标准的理解水平与差异。同时，我们也更加明晰概念图评价的优势所在，对我们后续实证研究的开展有所启示。

利用概念图进行教师个体知识评价的一个显著优势是可以很轻松地设计评价试题，围绕义务教育物理课程标准的内容框架，我们可以开发出四种题型，而且，只需要在原来要求教师进行概念图制作的任务清单上添加或减少一些概念，就可以设计出一套新的评价试题。利用概念图进行教师个体知识评价，可以比较轻松地覆盖大范围的知识，还可以有创新表现的机会。虽然给概念图评分会有一定的主观性，但是个体却拥有了极大的自由表达的权利，教师可以清晰地呈现自己对某一话题独特的意义构建，这一定意义上也弥补了传统的测评方法因出题人主观性造成的偏见和不合理。

在使用概念图进行评价时，评分是一个比较费时耗力的过程，因此，依据概念图评价指标体系对教师所绘制的概念图进行定性分析基础上的定量研究非常重要，而在定量研究结果的基础上，作出定性的推理总结也是至关重要的。可见，概念图可以将定性分析与定量研究进行很好地融合。

第二节　"探究教学"知识的概念图评价

时代发展对教育提出了新的要求，《基础教育课程改革纲要（试行）》中指出："改变课程实施中过于强调接受学习、死记硬背、机械训练的现状，倡导学生主动参与、乐于探究、勤于动手，培养学生收集和处理信息的能力、获取新知识的能力、分析和解决问题的能力，以及交流与合作的能力。"我国古代道家学派的代表作《老子》中有一段大家耳熟能详的话："授人以鱼，不如授之以渔"授人以鱼只救一时之急，授人以渔则可解一生之需。教育不仅要使人们能更好地接受知识（鱼），还应使人们具有获取信息和解决问题的能力（渔）。从"授人以鱼"到"授人以渔"的变化，体现了教育者教育理念的根本转变。

国际上没有哪个观点像"科学探究"这样在基础教育领域广泛受到关注，如果非要用一个词语描述一个世纪以来科学教育者所努力追求的方向，那么一定是"探究"。[①] 课程实施是课程实践活动的重要环节，也是中学理科教师个体知识的重要组成部分。探究教学是课程实施的主要途径之一，本章试图运用概念图的知识提取技术，考察不同阶段的中学理科教师对科学探究的理解情况，评价中学理科教师有关科学探究教学的知识随教龄增加而发展变化的过程及规律。

一、"探究教学"知识分析框架的建构

（一）科学探究教学的内涵

所谓科学探究教学，就是以探究为方法的教学，是一种教学方式（探究教学本身具有两层含义：一是以探究为方法的教学，二是以探究为内容的教学。我国所用的探究教学主要是指第一层含义，即是指一种教学方式）。具体而言，科学探究教学是指教学过程是在教师的启发引导下，以学生独立自主学习为基础、小组合作学习为保障，以现行教材为基本探究内容，以学生周围世界和生活实际为研究对象，为学生提供自由表达、质疑、探究、讨论问题的机会，让学生通过个人、小组、全班等多种解难释疑活动，将自己所学知识应用于解决实际问题的一种教学形式。探究式教学特别重视开发学生的智力，发展学生的创造性思维，培养学生的自主学习能力，力图通过学生经历探究过程引导学生学会应用知识解决问题和掌握科学方法，为终身学习和个人发展奠定基础。

霍华德等人考察了美国中西部大学的 52 位科学家对科学探究的认识，研究成果总结如下。（1）科学家给出了科学探究的五个关键特征：质疑精神、合理利用资源、积极投入、解决问题和建立资料间的联系。（2）科学家将探究阶段分为观察、选择问题、形成问题、研究已知、表明预期、进行研究、解释结果、反思发现和结果交流等九个阶段，这九个阶段构成科学家对科学探究认识的"轮状模型"。[②]

---

① 徐学福.美国探究教学研究 30 年 [J].全球教育展望，2001（8）：57-63.
② 王晶莹.科学探究论 [M].上海：华东师范大学出版社，2011.103.

总之，中学理科课程标准中将科学探究列入"课程内容"，其用意就是让学生经历与科学家类似的探究过程，主动获取科学知识，领悟科学探究的过程与方法，发展科学探究能力，经历并体验科学探究的乐趣，养成实事求是的科学态度和勇于创新的科学精神，而这些是身为理科教师在开展科学探究教学过程中必须要具备的个体知识。

（二）"探究教学"知识的层次

中学理科教师关于"探究教学"的知识情况直接影响着他们的科学探究教学和学生的科学探究学习，因此，需要对中学理科教师科学探究教学知识的层次有一个基本的划分。科学探究是提高学生学科核心素养的一条重要而有效的途径。中学理科教师应充分重视科学探究式教学的组织与开展。欲转变教师的课程实施方式，实现以"科学探究"为主，首先需要教师对科学探究式教学有一个正确的理解与认识，包括科学探究的目的等；其次，需要教师合理设计科学探究的教学过程，包括如何处理科学探究要素之间的关系、如何设计有效的探究情境等；第三，需要教师成功地实施科学探究式教学，从而实现预先设计的科学探究目标，最终实现对学生学科核心素养的提升。

（三）"探究教学"知识的内容

1. 教师对科学探究教学矛盾的认识

（1）课堂时间少和探究内容多的矛盾

中学理科课程标准对科学探究进行了阐述，其中有很丰富的内容，学生要完成科学探究各个要素的行为，需要大量的实践和体验，但实际教学中课堂时间是有限的，课堂中除了引导学生经历科学探究活动之外，还需要完成其他教学任务，这必然会导致丰富的探究内容和有限的课堂时间之间的矛盾。

教师必须清醒地认识到这对矛盾的存在，并知道解决这一矛盾的途径与方法，正如义务教育物理课程标准中所建议的，"在学生的科学探究中，其探究过程可涉及所有的要素，也可只涉及部分要素"[①]，教师围绕教材内容的处理、课

----

① 中华人民共和国教育部制定. 义务教育物理课程标准（2011版）[M]. 北京：北京师范大学出版社，2012.8.

程资源的开发与利用、教学活动各方面的安排等，都应灵活地挖掘和渗透科学探究的理念、要素等。

（2）学生主体性与教师主导性的矛盾

学生主体性的发挥是探究教学有别于一般教学的最显著特征。探究教学要求学生在学习过程中自己发现问题、提出问题、分析问题并最终解决问题，所以教师在组织进行探究式教学时应尽量减少控制，增加开放性，给学生以轻松、自由、充分的发挥和创造空间。学生主体地位的发挥要求教师在进行教学设计时，应充分考虑激发学生对问题情境或探究内容的兴趣和探究动机；在进行探究教学活动时，教师要以学生为中心，重视发挥学生的主体作用，要保证整个探究过程给学生提供自主探索、自主创造的机会。

同时，建构主义理论既强调学习者的认知主体地位，又不忽视教师的主导作用。学生主体地位的发挥绝不意味着放任自流，整个教学进程必须处于教师的引导、调控之下。探究式教学的顺利组织与实施，离不开教师主导作用的发挥。基础教育课程改革要求教师实现角色的转变，从知识传授者转变为学生学习的引导者、合作者、示范者和评价者。在教学过程中，注重问题情境的创设、重视学生主体地位的发挥，注重对学生科学探究能力和实际问题解决能力的培养。对于众多的课程内容，只有教师统筹把握，选择适宜进行科学探究的知识内容，进行课前周密的构思设计，才能在实施过程中，科学合理地监控、调节和评价学生的探究过程与结果。

2. 教师对科学探究教学理解的误区

科学探究的形式可以是多种多样的，在学生的科学探究过程中，其探究可涉及所有的要素，也可只涉及部分要素。科学探究的要素应灵活渗透在教材和教学的各个方面，而这依赖于中学理科教师对科学探究教学的领悟程度。教师在教学实践中进行了各种形式的探究尝试，取得了一些可喜成果，但也出现了诸多问题，折射出教师对科学探究的理解仍存在误区。

（1）教学只要探究，不要接受

基础教育课程改革推行至今，部分教师能够比较正确地对待探究学习和接受学习，但仍有教师心存误解。一些教师认为接受学习是最好的、最高效的教学方式，而对探究嗤之以鼻，认为是"玩花样"；而在令一些教师的心目中，探究是课程改革大力倡导的教学方法，因此课堂教学只有探究，别无他法。与此异曲同工的误区还有很多，例如：探究只能在好学生中进行，成绩较差的班级根本无法进行；探究只能在初二或高一、高二进行，初三、高三面临中高考，是绝对不能进行探究教学的；讲都讲不完，哪有时间探究；探究好于讲授。以上种种论断，实际上是将探究教学与接受教学、其他教学模式对立起来。

（2）探究结论只能对，不能错

有些教师对科学探究的理解误区之一认为，既然引导学生经历科学探究过程了，那么归纳出正确结论就应该是理所当然的。如果课堂教学过程中，有学生的探究结论与教师的教学设计不吻合，多数教师会对此置之不理，"误差"一言以盖之。这有违科学探究的真谛，教师需认识到学生探究出的错误结论，用心挖掘，也会成为优秀课堂的重要教学资源。

（3）探究是一环扣一环的教学模式

将探究教学的要素理解为程序环节的教师比比皆是，尤其是课程改革初期这种现象非常明显，翻看以往教师的教学设计或优质课视频，都会看到教师按照"探究过程要素"机械地、按部就班地实践探究过程的每一步，把学生往事先设计好的教学框架里带，探究要素被教师一环扣一环的娓娓道来，这种对科学探究的僵化理解和形式化执行，甚是让人不安。

（4）探究教学一定要有实验或学生动手活动

实验是科学探究教学的一种重要形式，这一过程更能体现出探究教学的问题性和探究性。多数教师的科学探究教学中都会使用实验，这与学科特点及课程的培养目标密不可分。实验是科学探究教学的最好平台，通过实验在学生面前呈现出日常生活中不可经验或意想不到的新奇现象，给学生学习创造一个问题情境，激发认知冲突，引导学生主动获取科学知识，培养学生科学探究能力、领悟科学探究的思想和精神，进而提升学生的科学素养。

尽管科学探究常常要借助于实验，但是实验并不等于探究教学。探究教学的形式除了实验之外，还可以是思维的探究。换言之，探究并不是非要学生动手做，学生动手做的实验也未必是探究。例如，学生只是记住实验步骤，机械操作呢？即便老师将其叫做科学探究教学，但学生并没有真正地进行科学探究。

没有实验的教学过程也可能是成功的科学探究活动，我们的教师应放开眼界，克服教学时科学探究中的形式主义，弱化"仪式感"。因教学内容、时间、场地、费用及人员特点等因素导致的理论探究活动，也是一种成功的科学探究。

教师在探究教学实施过程中存在的问题和误区，表明教师虽然理念上认同科学探究教学，但对探究教学本质的理解依然不够到位，对探究教学中出现的新问题缺乏有效的解决策略与方法，实施探究教学的能力还比较弱。因此，希望教师认真研读课标、教材，领悟探究教学的本质，适当剖析探究案例，从而加深教师对科学探究教学本质的理解，提高探究教学的知识水平。

（四）"探究教学"知识的分析框架确立

根据上述对"科学探究教学"知识的阐述，确立本研究"探究教学"知识主题概念图的内容评价框架如表 3–11 所示。

二、评价方案设计与实施

（一）对象选择

本研究对象由两部分组成，准教师 15 人。初中物理教师 24 人；其中，有五位专家型教师（用 ZJ 表示），十九位普通教师：新手教师和成手教师（统一用 WL 表示）。专家教师的选择满足三个条件，一是教龄在 15 年以上；二是职称为高级；三是在当地名校任职工作，本研究将满足以上三个条件的骨干教师称为专家型教师。

（二）工具开发

以往的问卷调查等方法虽然能够揭示出教师对科学探究某些内容的认识，但是不能发现更多的问题。为了深度挖掘和总结教师对科学探究的认识，研究者使用概念图评价任务进行测查。

表 3-11　"探究教学"知识的评价分析框架

	维度	表现性的描述
科学探究教学	含义	科学家的探究过程；学生的模拟探究过程
	本质	探究者通过自身主动参与，发现问题、提出问题（探究的前提）、分析并解决问题的过程（重要的是带着问题去思考、活动、学习）；通过个人探究建构相对的真理
	要素	提出问题、猜想与假设、设计实验与制订计划、进行实验与收集证据、分析与论证、评价交流与合作
	设计与实施 目的	重视开发学生的智力，发展学生的创造性思维，培养学生的自学能力，力图通过自我探究引导学生学会学习和掌握科学方法，为终身学习和工作奠定基础
	师生关系	从教师中心到学生中心；学生主体，教师主导
	学习方式	从机械学习到有意义学习（学生主动建构）
	两个矛盾的认识	课堂时间少和探究内容多的矛盾；学生"自主"和教师"指导"的矛盾
	切入点	教材的分析与处理、课堂活动的设计、课程资源的开发与利用等
	理解误区	唯一的教学方式；模式化；步骤化；绝对化；实验化；动手操作化
	评价	从检测学生知识记忆水平到促进学生发展的发展性评价
	学习目标	落实知识目标、过程与方法目标、情感态度与价值观目标

1."科学探究"理解概念图评价任务设计

围绕有关科学探究的认识与理解这一话题，编制开放型概念图试题，要求被试围绕自己对科学探究的理解，构建"科学探究"主题概念图。样本由三个部分组成，一是对 5 位非骨干教师展开了座谈，并要求每位教师在白纸上绘制出自己理解的科学探究概念图；二是对 5 位骨干教师采取逐一面谈的方式，最后形成五位专家型教师有关科学探究理解的概念图；三是利用师范生上课期间，要求 10 位准教师纸笔绘制自己理解的"科学探究"概念图。

2."科学探究"实施概念图评价任务设计

（1）测评材料

本研究在进行测评时会给研究对象提供一个全国物理教师教学技能大赛课

的课堂实录；并将文字记录分解成 70 个项目、独立编号，具体内容参见附录 2；同时，会为被试提供一些纸笔工具，便于作答。

（2）测评程序及举例说明

测试程序详见附录 3，这里对测评过程做简要说明。

首先，请被试从头至尾阅读一遍所给材料（包括 70 个条目的课堂实录）

其次，阅读完毕，请被试对 70 个条目进行分类，分类标准自己决定。

再次，类型划分完毕，请对所划分的类型进行命名，命名标准由被试自己把握。

复次，分类及命名都结束后，请对所划分的类型之间关系进行说明解释。（例如，某教师将这 70 个条目划分成了 8 大类，有 8 个名称，就说明 8 个名称之间关系）

最后，请被试用符号及连线画出关系概念图。

为了便于教师更好地理解作答过程，本研究绘制作答思路示意图如下所示：

图 3.12　概念图绘制思路示意图

（三）实施过程

首先，科学探究理解概念图的绘制。围绕有关科学探究的认识与理解这一话题，要求 10 位准教师根据自己的理解绘制"科学探究"主题概念图；对 5 位非骨干教师展开了座谈，并要求每位教师在白纸上绘制出自己理解的概念图，共回收 5 份概念图；对 5 位专家型教师采取逐一面谈的方式，最后形成五位专家型教师有关科学探究理解的概念图。

其次，科学探究实施概念图的绘制。利用某师范院校在职教育硕士上课期间，对在职教育硕士展开调查，共发放"课堂实录"材料 14 份，回收 14 份；对准教师的调查是利用参加全国大学生教学技能比赛的赛前集训进行的，回收有效问卷 5 份；对专家型教师的调查利用面谈及网络调查等方式，回收 5 份。

（四）数据处理与分析

1.科学探究主题的定性分析

（1）ZJ1 的概念图结果分析

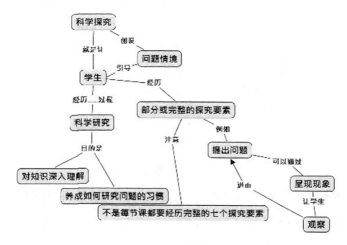

图 3.13 ZJ1 科学探究的概念图

ZJ1 的概念图非常简洁，只有两个分支，共包括 11 个概念节点，分别是科学探究、学生、科学研究、深入理解知识、养成如何研究问题的习惯、问题情境、部分或完整的探究要素、提出问题、呈现现象、观察、不是每节课都要经历完整的七个探究要素。

（2）ZJ2 的概念图结果分析

ZJ2 的概念图清晰的表达了自己对科学探究目的的理解、对科学探究要素及探究过程的灵活性把握、强调让学生经历科学研究过程的重要性、强调问题情境创设的重要性，并以科学探究中的"提出问题"这一要素进行了举例说明，认为教师可以通过呈现现象，引导学生观察，进而提出问题开始探究过程。该教师还进一步明确对科学探究的理解要注意的一点，那就是科学探究虽然包括七个要素，但并不是每节课都要经历完整的七个探究要素。可见，该教师对科学探究的理解比较深刻，知道如何处理探究内容多和课堂时间有限的矛盾，以及学生主体和教师主导之间的矛盾。

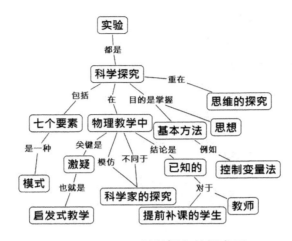

图 3.14　ZJ2 科学探究的概念图

ZJ2 的概念图中共包含 15 个概念节点，分别是实验、科学探究、思维探究、基本方法、思想、物理教学、七个要素、模式、激疑、启发式教学、科学家的探究、已知的、提前补课的学生、教师、控制变量法。连接词主要有是、包括、目的、关键、不同于、对于、例如等。其中，表达"是"这一含义的连接词为最多，所形成的命题有：实验都是科学探究、七个要素是一种模式、物理教学中关键是激疑、激疑也就是启发式教学、物理教学中结论是已知的、科学探究目的是掌握基本思想和方法等。

通过 ZJ2 教师对连接词的选用，可以看出来，该教师的概念图中呈现出了对科学探究含义的理解，认识到学生的科学探究活动是一种模仿科学家的探究过程、是不同于科学家的探究过程的，因为对于教师和提前补课的学生而言，物理教学中的结论是已知的。图中也清晰呈现了该教师对科学探究目的的认识，即学生经历科学探究的过程是为了掌握物理学的基本思想和方法。该教师认为学生的科学探究过程的关键是思维的探究，教师的关键是激疑，也就是进行一种启发式教学。

但通过 ZJ2 的概念图也可以看出该教师理解不足之处，例如，该教师谈到了科学探究的七个要素的问题，但脑海中仍僵化地将七个要素界定为一种模式，认为教学中若要开展科学探究，需要引导学生"假模假样"的模仿这一完整的模式过程。同时，该教师的概念图中"实验都是科学探究"的观点也值得商榷。

（3）ZJ3 的概念图结果分析

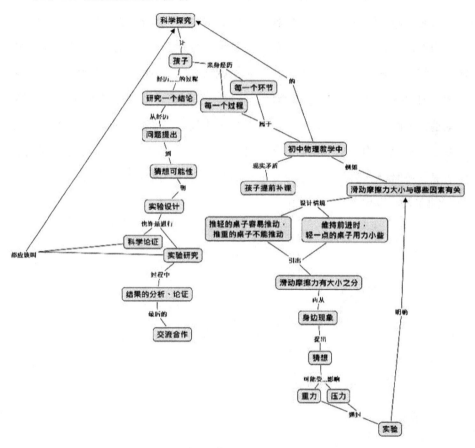

图 3.15 ZJ3 科学探究的概念图

ZJ3 的概念图中的概念节点是五名专家型教师中最多的。通过该教师的概念图可以看出，ZJ3 强调经历科学探究过程的重要性，包括从问题提出、猜想可能性、实验设计、到分析论证、交流合作等过程。其中，在阐述实验设计这一要素时，该教师明确了自己对科学探究要素的深刻理解，即她认为这里的"实验设计"可能是学生经历的一种科学论证过程，也可能是真实的一种实验操作研究过程，无论哪一种都应该属于科学探究，从这一点可以看出该教师对科学探究含义及要素的把握的准确程度及其做法的严谨。有时可能因为实验器材或时间等原因，引导学生进行的是一种科学论证过程的实验设计，但只要教师引导得当，仍可以实现科学探究的目标追求。

同时，ZJ3 教师以初中物理教科书中"探究滑动摩擦力大小与哪些因素有关"为例，对自己实际教学中如何引导学生进行科学探究活动进行了举例说明，诺瓦克等人在阐述概念图的评价功能时，就认为构图者能否恰当娴熟进行举例，是评判其知识结构的一个重要维度，从这一点来看，该教师的举例非常详细，足见是其平时教学的一种真实反馈，反映了该教师科学探究的理解程度。当然，该教师在概念图中也透漏了自己教学中遇到的一个矛盾，那就是学生提前补课的情况，有时会影响课堂科学探究过程的开展，这是她一直困惑的地方所在。

（4）ZJ4 的概念图结果分析

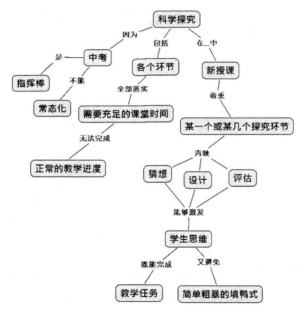

图 3.16　ZJ4 科学探究的概念图

与其他几位专家型教师的概念图相比，ZJ4 的概念图中对科学探究之所以不能常态化的原因做了说明，主要是因为中考指挥棒的影响；同时，由于科学探究需要充足的课堂时间，而这又无法跟上正常的教学进度。可见，该教师充分地认识到了组织科学探究式教学中存在的一个主要矛盾，那就是丰富的探究内容和有限的探究时间之间的矛盾。对此，该教师在概念图中也展示了自己的解决途径，那就是在新授课的教学中会侧重某一个或几个探究要素的训练，尤其比较青睐猜想、设计和评估三个要素，该教师认为引导学生经历这三个探究过程能够激发学生思维，既能完成教学任务，又不同于传统的填鸭式教学、以教师的讲授为主。

（5）ZJ5 的概念图结果分析

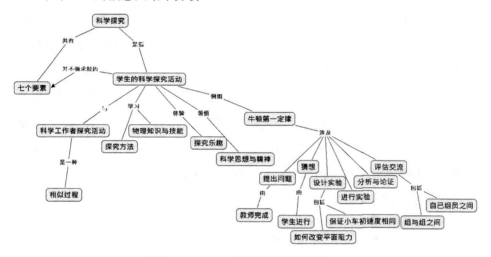

图 3.17　ZJ5 科学探究的概念图

ZJ5 的概念图中所涉及的节点也是比较多的，从层级上可以看出从科学探究引出两个分支，阐述了科学探究的定义及要素数量，但关于七个要素的具体名称是放在"牛顿第一定律"的举例中阐述的。该教师的概念图中表明了学生的科学探究活动与科学工作者的探究活动是一种相似的过程，换言之，二者之间是有所不同的。该教师阐明了学生经历科学探究过程的目的是学习物理知识与技能、探究方法、科学思想与精神，并体验科学探究的乐趣，从这一点可以看出，该教师的有关科学探究概念图的阐述，对物理教学过程中之所以提倡科学探究式教学目的阐述相对更全面些。同时，该教师以"牛顿第一定律"的教学为例阐述了科学探究的几个要素内容，也表达了科学探究式教学过程可以只涉及部分要素的理解。当然，从 **ZJ5** 的概念图中也可以看出其对科学探究理解不足之处，例如，该教师认为"提出问题"要由教师完成，忽视了学生的问题提出能力；认为"评估与交流"只能是组内和组间，忽略了教师这一主体的地位与作用；同时，该教师对探究过程中的"合作"思想并没有明确的阐述。

（6）五位普通教师的概念图结果分析

从以下五位教师的概念图绘制整体情况来看，概念图结构以轮辐状为主，分支之间无交叉连接，相比于之前的专家型教师的概念图结构要简单一些。从内容表述上也可以看出一些共性特点，五位在职教育硕士都阐述了科学探究包含几个要素及要素名称的内容，可见，这些教师在阐述对科学探究的理解过程中更倾向于对科学探究具体要素内容的关注。

五位在职教育硕士对科学探究的含义、目的及意义等内容有比较得当的阐述，但关于科学探究要素的数量仍有硬伤，例如 ZZ2 认为是八个要素；也有部分教师将科学探究的七个要素理解为"步骤""环节"。由此，虽然不能断定一线教师的整体对科学探究的理解如何，但可以肯定的是仍有一些教师对科学探究的理解存在误区。

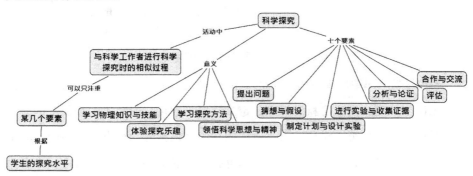

图 3.18　ZZ1 科学探究的概念图

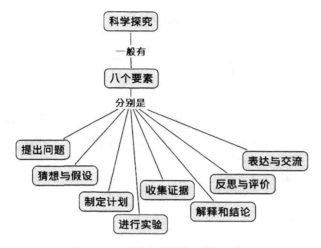

图 3.19　ZZ2 科学探究的概念图

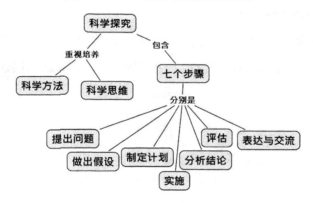

图 3.20　ZZ3 科学探究的概念图

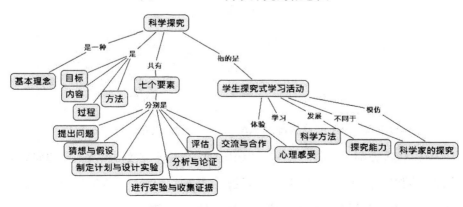

图 3.21　ZZ4 科学探究的概念图

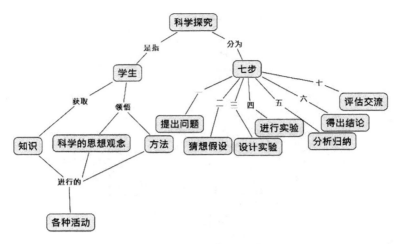

图 3.22　ZZ5 科学探究的概念图

（7）10 位准教师的概念图结果分析

10 位准教师的概念图参见附录 4，这里仅提供两幅概念图作为示例。由 10 幅准教师的概念图结构来看，主要以树状结构为主，使用交叉连接的非常少。

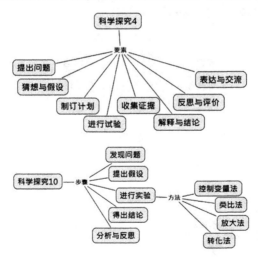

图 3.23　10 位准教师的科学探究主题概念图示例（2 例）

从 10 位准教师绘制的科学探究主题概念图来看，准教师提及最多的词汇是"探究的步骤""要素"或"过程"，可见，多数准教师对科学探究的理解属于定型步骤类。准教师提及还比较多的词汇有"方法""实验"等，这一定意义上说明了部分准教师将科学探究理解存在误区，认为科学探究过程必须有实验。10
位准教师中的第二位准教师认为科学探究的核心是"提出问题"，整个概念图以
"问题"为线索，阐述了个人对科学探究的认识。

2.科学探究教学主题的差异分析

本研究共回收有效测评问卷 24 份，对这些资料采取定性与定量分析相结合
的方式，利用 SPSS 软件进行了数据的录入与处理。

（1）概念类别的命名情况分析

不同阶段教师的分类数量及类型名称详见下列三个表格，表 3-12 是准教师
的统计结果；表 3-13 是在职骨干教师的统计结果；表 3-14 是其他在职教师的
统计结果。

表 3-12　准教师统计表

准教师	分类数量	分类名称
ZJS1	六类	学生认真思考并回答问题、学生上台展示、学生小组实验、教师讲授、教师启发、教师演示实验
ZJS2	八类	启发思维、调动积极性、激发学习兴趣、掌握系统知识、提高实践能力、提高理论联系实际能力、增强学习物理的自信心、保证课堂活动顺利进行的连接话语
ZJS3	九类	教师讲解并启发、教师演示实验、学生讲解、学生探究实验、学生展示实验、学生思考问题、教师语言衔接、师生互动、作业及其它
ZJS4	十类	呈现学习内容、引导学生回答、指导学生实验、学生实验、请学生展示实验、学生展示实验、引导学生思考、学生思考、请学生回答问题、课堂总结
ZJS5	十二类	教师创设情境、教师引导学生回答所提问题、教师要求、教师的演示操作、教师的解释说明、教师板书新知、学生具体操作、学生起立回答问题、学生上台板书、学生展示设计电路、每个环节的连接、PPT 课件内容

由上表 3-12 可见，准教师对课堂实录中所给的 70 个项目的划分数量偏多，
对课程实施过程肢解的比较细化。整体而言，五位准教师的类别命名更倾向于
通过教师、学生两个角度切入，用词基本形式就是"教师如何如何""学生如何

中学理科教师个体知识构成、发展与评价研究

如何"。

表 3-13　专家型教师统计表

骨干教师	分类数量	分类名称
ZJ1	四类	创设问题情境、新知教学、应用巩固、布置作业
ZJ2	五类	创设情境、教师演示、学生活动、师生间反馈与交流、应用实例
ZJ3	六类	情境中提出问题；教师精讲；设置逐层深入的问题，引导、启发学生思考；学生回答；学生活动；小结、布置作业
ZJ4	五类	情景创设／问题展示；动手操作；实践展示；深入探究；结论小结
ZJ5	六类	问题情境创设、学生实验、实践指导、师生分析、巩固应用、作业小结

　　由表 3-13 可见，五位骨干教师分类数量比较少，进而推断骨干教师对课程实施过程的处理会更加整合、精炼。五位骨干教师比较注重课程实施过程的完整性，从他们的类别命名可以看出课堂导入、新课教学、课堂小结的课堂结构非常明显。五位骨干教师都非常强调情境创设在课堂教学中的地位及作用，尤其是对问题情境的优势肯定无疑。对课程实施过程的分析，即能关注到学生的主体地位，又能明确教师的主导作用，尤其是在层层深入的问题引导中、启发学生有效学习探究。同时，五位教师也非常重视新课教学过程中应用举例，联系学生的生活实际举例。

表 3-14　新手及成手教师统计表

在职教师	分类数量	分类名称
WL1	十类	设置情境、师生互动、提出问题、巡视指导、实验展示、分析比较、归纳总结、演示实验、巩固提高、布置作业
WL2	七类	新课教学、联系生活、内容展示、分组实验、课堂展示、模型对比、模型辨析
WL3	八类	启发式、指令式、演示、介入媒体、学生实验、学生展示、对比、总结

114

WL4	九类	情境、学习目标、教师指导教学、作业、教师演示、学生思考分析、学生操作、学生展示、教师点评
WL5	八类	提出问题、设计实验、学生实验展示、实验分析评价、学生活动、学生板书展示、教师语言评价、教师语言控制课堂进度
WL6	九类	创设情境、导入设计实验、导入新课、讲授新知、新授设计实验、总结升华、布置作业、答疑解惑、教师鼓励性评价语言
WL7	九类	引导学生思考得出结论、教师指示性动作、直接提问、引导学生实验、学生实验活动、展示结果与评价、教师讲授、课堂反馈、布置作业
WL8	九类	创设情境、多媒体辅助、提出问题、学生活动、学生展示成果、教师的总结性评价、教师的鼓励性评价、学生的合作交流、布置课堂作业
WL9	七类	导入新课；师生互动；联系生活实际；升华情感态度与价值观；学生自己动手进行实验、教师巡视指导；教师讲解、提问、设疑；学生自己思考、回答问题
WL10	八类	问题设计；分组实验；实验展示；问题引导；情感教育；实验总结；实践应用；作业
WL11	十类	导入新课、实验探究、新课教学、模拟实验、总结结论、补充实验、学生实验、实验总结、共同探讨、布置作业
WL12	十一类	引言；设疑互动；设计实验；演示、展示实验；知识探究；师生交流；评价；讲解新知；知识迁移；总结；预留时间
WL13	十类	创设情境；任务要求、学生思考；组织者；学生活动；学生展示；反思；总结；深入再思考；应用；作业
WL14	八类	创设情境、问题情境、任务布置及展示；理论研究；成果展示；阶段总结；实践；其他

由表3-14可见，这14位在职教师的类别划分数量也非常多，而且命名比较多样，不同的教师选择了不同的切入点和标准。但整体来看，大部分教师重视情境创设，认识到联系生活实际教学的意义，对实验教学的功能比较认可，意识到提问设疑是一种非常好的教学策略。有些工作5年以内的教师，类别命名中也体现了对学生情感教育的肯定。当然，这些教师整体命名的结构化程度没有之前的五位骨干教师那么整齐、明晰。

（2）概念类别数量分析

将17位在职教师（3位骨干教师，14位在职攻读教育硕士学位的一线教

115

师）的基本情况及分类等信息录入 SPSS，对教龄和分类数量两个变量进行相关性分析，分析结果如下所示。教龄与分类两个变量之间的相关系数为 -.776**，达到了显著负相关，由此可见，随着初中物理教师教龄的增加，对课堂实录项目的分类数量会明显越少。

表 3–15　概念类别数量的相关性分析统计表

相关性			
		教龄	分类
教龄	Pearson 相关性	1	-.776**
	显著性（双侧）		.000
	N	17	17
分类	Pearson 相关性	-.776**	1
	显著性（双侧）	.000	
	N	17	17
**. 在 .01 水平（双侧）上显著相关。			

由准教师的分类命名统计表格可以看出，职前教师的类别划分还是非常多的，有的达到了 12 种，这是全体被试中数量最多的一种类型划分。由此可见，准教师和职后教师对同样一个课堂实录的分解能力是有所不同的。

（3）交叉连接分析

对回收的 24 份概念图进行整理，分别选取不同阶段教师的概念图示例展示如下。

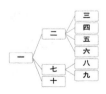
图 3.24　准教师的概念图示例

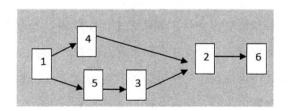
图 3.25　专家型教师的概念图示例

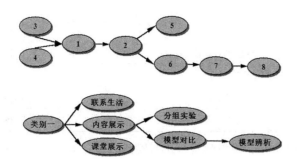

图 3.26 普通教师的概念图示例

在职教师的教龄与概念图中交叉连接的数量之间进行相关性分析,结果表 3—16 所示,可以看出两个变量达到了显著正相关,即随着教龄的增加,在构建概念图过程中出现交叉连接的数量也会增多。这一结论可以通过分析骨干教师和一般教师两个表格进一步得到证实,可以看到表 3—13 中五位专家型教师的概念图中都有交叉连接,而表 3—14 中的在职教师交叉连接的数量非常少,主要出现在 9 年及以上教龄的教师中。

表 3—16　教龄与横向连接相关性统计

相关性			
		教龄	交叉连接
教龄	Pearson 相关性	1	.687**
	显著性(双侧)		.007
	N	14	14
交叉连接	Pearson 相关性	.687**	1
	显著性(双侧)	.007	
	N	14	14
**. 在 .01 水平(双侧)上显著相关。			

(4)层级数量分析

不同阶段教师概念图层级数量统计如下列表格显示。

表 3-17　准教师概念图层级数量统计表

层级数量	准教师代码及数量	百分比
3	1、3（2）	40%
4	2、5（2）	40%
6	4（1）	20%

由此表 3-17 可见，准教师对概念图层级的划分还是有差异的，最少的分为 3 层，最多的划分到了 6 层。

表 3-18　在职教师概念图层级数量统计表

层级数量					
		频率	百分比	有效百分比	累积百分比
有效	4	5	35.7	35.7	35.7
	5	4	28.6	28.6	64.3
	6	4	28.6	28.6	92.9
	9	1	7.1	7.1	100.0
	合计	14	100.0	100.0	

由此表 3-18 可见，职后教师的概念图层级数量以 4 层为最多，占总人数的 35.7%，划分成 5 层和 6 层的人数相等，相加占总人数的 57.2%，将 4、5、6 层级数量的人数百分比相加已达到总人数的 92.9%，仅有一人比较特殊，划分到了 9 层，截图如下所示。而从该教师呈现的概念类别结构关系可以看出，该教师对于课程实施过程以线性递进的环节发生为主，而整个过程中 J 变量，即教师的鼓励性话语是整个课堂教学顺利开展的润滑剂。

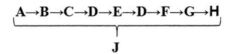

图 3.27　课程实施过程类别关系图示例

三、研究小结

本节通过两个实证研究，结合科学探究主题概念图和课堂实录关系分析概念图的绘制，对初中物理教师"科学探究教学"的课程知识进行了评价研究，可以总结出初中物理教师科学探究方面的知识水平情况，基本结论如下。

（一）教师普遍认同科学探究教学的地位和作用

课堂实录中的教师在上《串联和并联》时，以汽车车灯为主线贯穿整堂课，教师指导学生根据所研究的问题，积极主动进行探究实验，在师生的共同研讨下，逐步对观察到的现象进行分析，深入到问题的本质，形成实事求是的科学态度。学生在整个的实验探究、展示交流的过程中不仅学到了知识，也学到了方法，不仅提高了动手能力，也培养了创新意识，学生学的主动、轻松而有效。

查阅被试对课堂实录所划分的概念类别的命名来看，每位教师都认可课堂实录中教师对探究活动的安排与组织，尤其是借助于问题情境的创设，启发学生开展的实验探究活动，多数教师都在类别命名中有所体现。由此可见，教师们对于新课程改革倡导的探究式教学比较熟悉，认可科学探究在学生科学素养提升中的地位与作用。

（二）教师对科学探究教学的框架认识模糊

多数教师对于科学探究教学的框架认识模糊，具体涉及证据的收集与整理、结合证据分析的观点解释以及与他人的合作交流，在被调查教师的概念图中体现不明显，可见针对科学探究的问题特征、实验特征、师生关系特征等，教师们对证据、解释与交流的地位与作用认识模糊，这也可以从我们日常的教学中得到证实，很多所谓的科学探究教学这些方面落实的都不太理想。

（三）一般教师对科学探究教学要素不熟悉

本研究将五位专家型之外的教师样本统称为一般教师，结合概念图测评的结果可以看到，一般教师在阐述自己对科学探究的理解过程中都会介绍所包含的要素，但要素的数量会有不同，甚至有教师说有八个要素，可见，一般教师对科学探究要素还不够熟悉；还有教师仍旧持有一些错误的观念。例如，将科学探究的要素等同于"步骤""环节"，在阐述中流露出对科学探究式教学的僵化理解，认为科学探究式教学过程就应该是从提出问题到最后的交流与合作七个过程都有才可以。相比之下，专家型教师认为物理教学过程中采用科学探究式教学是一种模拟科学家的探究过程，学生的这一探究活动中，可以只涉及科学探究的部分要素，并不是七个要素全部都有才算科学探究。

（四）专家型教师能够把握科学探究教学课堂的完整性

结合课堂实录划分出来的 70 个项目，已将该堂课的教学环节与思路展示得非常清楚。这里用文字将课堂实录的教学环节和思路概述一下，教师设计的"串联和并联"一课的引入以眼睛是心灵的窗户，汽车的眼睛是车灯，展示在繁华的都市夜幕下，一辆辆汽车用自己的灯光相互交流，让学生感受到生活的美好和亲切。接着以为汽车设计"眼睛"为任务，要求学生设计电路，在设计出的电路中有两种情况，一种是串联、一种是并联，那生活中的车灯就是属于哪一种呢？教师进一步启发"有一次，车灯出了故障，有一只还亮着，总算回到家。"让学生继续探究，就这样一步步地把串并联知识落到了实处。但在实际运用中，最初还有个别学生理解串并联电路的特点不够透彻，教师接着出示了一个自制教具，一个装有大量发光二极管的多彩字幕"加油"。通过摘取部分灯，"加油"两个字不断变换点亮的方式，最终让学生明白了串并联电路的特点、具备了在生活中应如何选择电路连接方式的基本能力。可以看出，整节课环环相扣，一气呵成，简洁、流畅，课堂气氛活跃，那一辆自制的玩具汽车贯穿课堂始终，甚至将会载着学生的设计梦乡继续前行。

多数被试对于上述课堂环节、思路的安排是很认可的，但在概念图中的体现是有所差异的，专家型教师对课堂环节的划分要更清晰、明确一些，更注重课堂环节完整性的表达，而一般教师的划分就要零散了许多。

（五）专家型教师知道如何引导学生进行真正的科学探究

专家型教师在绘制各自有关"科学探究"主题概念图的过程中，基本都会体现出一个思想，即科学探究教学是教师引导学生模拟科学家的探究过程。相比之下，在职教育硕士在绘制概念图时对这一含义的呈现就没有那么明显了，这说明在这些教师脑海中并不关注这一区别。专家型教师在概念图中还表达了对不同形式探究的理解，围绕问题的解决过程，科学探究并不是非要经历实验操作的，引导学生经历一种思维探究，最终解决问题，也是一种成功的科学探究。

（六）专家型教师能够灵活地运用科学探究知识

从 10 幅概念图整理情况来看，在职教育硕士（ZZ）比较统一的在概念图中罗列了科学探究所包含的要素数量及名称。相比之下，专家型教师反而对此并不关注，多数比较强调经历探究过程的重要性，在概念图中比较倾向于呈现科学探究的本质含义、目的及探究的关键等信息。同时，在阐述自己对科学探究的理解过程中，专家教师对科学探究教学的理解更灵活，阐述过程中更善于结合自己的工作经验表明自己的观点。相比之下，一般教师更多的是一种记忆性知识的呈现，会更关注科学探究的要素、名称等。同时，从概念图的结构上也可以看出，专家型教师的概念图结构稍显复杂些，交叉连接要多于在职教育硕士。所选连接词的种类也要更丰富一些，表明专家教师对科学探究的理解要更清晰、广阔一些。

对于新课程改革所提倡的科学探究教学，教师们在实施中经常会遇到的两个矛盾：一是学生自主探究与教师进行指导之间的矛盾；二是丰富的探究内容与有限的探究时间之间的矛盾。对于这样两个矛盾的处理，专家型教师的概念图中提及了可以只引导学生经历部分探究要素，例如猜想、设计和评估就是某位专家型教师课堂上非常青睐的探究要素。如此处理，即解决了课堂时间少任务重的矛盾，同时也化解了传统教师满堂灌的弊端。另外，专家型教师对探究教学中教师的角色理解非常清晰，认为课堂探究能否顺利进行，需要教师前期的设计和课堂上的有效引领，既发挥学生的主体地位，又保证课堂教学的顺利开展。相比之下，在职教育硕士则会纠结于两个矛盾中无法自拔，从而排斥探究式教学。由此可见，专家型教师对科学探究教学实施中各类知识的认识要更丰富一些，科学探究知识的转换也要更灵活。

（七）教师普遍关注科学探究的情境化

问题性是科学探究教学的基本特征之一，是贯穿科学探究教学过程的一根主线。建构主义认为，知识是情境性的，学习是在一定的问题情境下开展的同化或顺应过程，探究教学就是创设有助于意义建构的学习环境。统计不同阶段教师的课堂实录类别命名，可以发现各位教师对课堂实录中的情境创设都很重视，但专家型教师对科学探究中问题情境的理解要更深刻。专家型教师特别擅长于通过情境创设来促进学生的探究与意义学习，而对于一般教师来说，他们更多的是强调自己对教学内容的清晰表达，强调的是让学生听懂。他们一方面忽视了情境可以调动学生学习积极性的作用，另一方面创设教学情境的能力也有限。课堂实录中的教师利用串并联电路的特点，引导学生分析、判断了三个实例，一是项目 65 和 66，即路灯；二是项目 66，即自制教具"加油"电路；三是项目 69，即楼宇轮廓灯。梳理被试对类别的命名并结合访谈资料，发现多数教师认可课堂实录中教师的做法，并在分类过程中将其作为一类进行统计，这体现了教师已很好地理解了"从生活走向物理，从物理走向社会"的情境化课程理念。

（八）教师普遍有关科学探究的实践知识掌握不够

分析 24 幅概念图发现，我们的教师对科学探究目标的设计、理解比较薄弱。课堂实录中的教师设计的探究目标依照知识与技能、过程与方法、情感态度与价值观三个维度展开，这表明教师不仅重视物理学习的结果，而且重视学习的过程，这充分体现了促进学生全面发展的理念，与我国当前的物理课程理念一致。例如，主讲教师安排学生经历了设计汽车车头大灯和汽车转向灯的过程；通过设计汽车车头大灯和转向灯，学生们体验到了知识与生活联系的紧密、感受到了知识的力量；通过让学生经历"对比车头大灯串联和并联两种设计思路优劣的过程"和"对比转向灯 A、B 两种设计方案优劣的过程"，让学生体会到科学的严谨；通过让学生在本节课最后经历"成功地分析一个极为复杂的电路"，让学生们体验通过努力获得成功的喜悦，培养学习的兴趣；最后课堂小结，布置作业的时候展示重庆的美丽夜景、安排学生写调查报告，让学生体验作为重庆人的骄傲。整堂课对学生活动的设计和情感态度方面是非常充实的。其实做到这一点以后，就会发现，学生兴趣浓厚，课堂已经不再枯燥了。但 24

幅概念图中对过程与方法、情感态度与价值观等类别的挖掘不够，类别数量所占比例非常少，体现这两个维度目标的命名并不准确。总体来说，多数教师对知识目标普遍比较重视，过程与方法目标比较容易被教师忽视，相比之下，情感态度与价值观目标是最容易被教师忽视的。可见，一些教师对课程目标和科学探究教学的理解还有待提高。

第三节　"课程资源开发与利用"知识的概念图评价

课程资源是基础教育课程改革过程提出的一个重要概念，随着我国基础教育课程改革的深入推进，课程资源的重要性日益突显。中学理科教师是如何理解课程资源的开发与利用？教师处于一种怎样的课程资源开发与利用水平？这是本研究接下来要评价的主要内容。

一、"课程资源开发与利用"知识分析框架的建构

（一）课程资源的内涵

1944 年，美国著名课程学家泰勒在《课程与教学的基本原理》一书中，首次使用了"课程资源"这一概念。课程资源与课程之间存在着非常密切的关系，应该说，没有课程资源就没有实质上的课程，课程必须以课程资源作为前提条件。换言之，理科课程资源的开发与利用，是保证理科课程改革顺利实施的基本条件和重要保障。课程资源的丰富性、适用性和挖掘深度决定着课程目标的达成程度。所谓"巧妇难为无米之炊"，初中理科教师应充分重视课程资源的开发与利用，这是切实提高理科教学质量的有效手段。目前，对于课程资源的概念，比较认同的一种定义是：课程资源是指有利于实现课程目标的各种因素。[①]

本研究中的课程资源是一种广义的理解，指的是课程编制、课程设计、课程实施和课程评价等整个课程活动过程中所涉及的一切人力、物力以及自然资源的总和。包括教材、学生、教师、家长以及学校、家庭和社会上所有有助于

---

① 吴刚平 . 课程资源的开发与利用 [J]. 全球教育展望，2001（8）：24-30.

实现课程目标的各种资源。

（二）课程资源开发与利用的内容

我们知道基础教育课程改革从目标设计到教材编写等都体现了以人为本的思想，注重学生的全面发展，而且新课程实施之前都进行了大规模的理论培训。但真正实施新课程的时候，教师还是感觉有困难，不知道如何着手去做。被调查者认为其中很重要的一个因素就是缺乏课程资源。针对新的课程内容，新的教学模式与方法，不知道自己应该结合哪些资源、能够结合哪些资源进行有效教学。

教师在开发、利用、鉴别其它课程资源中起着主导和决定的作用，而教师本身也是课程资源的基本条件性课程资源。为了满足新课程改革的相关要求，需要教师具有一定的课程资源开发与利用的意识和能力。

首先，需要教师了解课程资源开发与利用的功能与价值。教师对课程资源的开发与利用水平，不仅影响教师的课堂教学行为，而且影响教师课程能力的提高，同时也影响教师对新课程的实施以及教师个人课程的发展。

教师对新课程理念、课程目标、课程资源、教材、学生以及教学过程的理解。还包括教师对学科的理解，"学科与社会关系的理解"、"学科教育价值的理解"，影响其课程实施的成效。例如，教师对教科书二次开发的理解水平，能影响其课程能力中的设计分析能力，即能否以批判的态度对待教材，并对课程内容进行适当地增减和整合。

其次，需要教师明确课程资源开发与利用的依据。从我国课程改革的发展过程来看，凡是有助于学生全面发展的资源都可以对其进行开发和利用，但究竟哪些资源才具有开发和利用的价值，这需要教师自己作出权衡与价值判断，而这一目标的实现，需要教师明确课程资源开发与利用的依据。总之，教师在开发与利用课程资源的过程中，要综合考虑我国教育改革的目标和理念、社会以及学生的发展需求等多方面的因素。

第三，教师需要掌握课程资源开发与利用的策略。从教师专业发展的角度来看，教师应能够通过多种途径开发和利用课程资源，不断提高自身的专业发展水平。教师进行课程资源开发与利用的途径有：一是教师可以挖掘符合学生兴趣爱好并能给学生带来成功体验的教学活动方式、教学手段或教学用具；二是教师可以根据学生的基本情况、学习需求等制定教学目标并选择相应的教学材料资源；三是教师可以开发和利用校外资源，结合本地特点，安排学生从事课外实践活动；四是教师要善于反思和总结教学经验，从中挖掘有价值的课程资源；五是教师要充分开发和利用现有条件，广泛利用校内外场馆资源；六是教师要发挥网络资源的优势与价值。

第四，教师需要清晰课程资源的类型划分。依照义务教育课程标准实施建议中的内容，一般将课程资源分为四大类型，即文本类课程资源、实验室课程资源、多媒体教学资源和社会教育资源。其实，依据不同的分类标准，课程资源的具体类型划分是多种多样的。例如，按照空间分布的不同，可以分为校内课程资源和校外课程资源。而根据课程资源存在的形态，可分为显性课程资源和隐性课程资源。显性课程资源是外显的，能明确表述出来的资源，例如教科书、课程标准、实验仪器等，隐性课程资源是内隐的、不明显的，潜移默化中对人会产生一定影响的资源，例如学校文化、教师衣着打扮、教室内外的环境布置等。

最后，教师对习题资源的开发与利用。给学生布置习题作业是教师课堂教学活动的一个重要组成部分。习题有助于学生巩固所学知识，加深对知识的理解和运用，而且也是一种比较普遍的日常教学评价和管理手段。同时，教师对学生习题作业的布置与批改，也是衡量教师教学水平和能力的一个重要方面。习题作业的类型有多种划分，我们从作业的表现形式上来进行分类，主要包括口头类、书面类和实践活动类等。因中考指挥棒的影响，而多数教师会比较关注书面习题作业的布置。历史发展至今，书面作业自然有其存在的价值。一是巩固知识、加深理解的重要环节；二是有效的日常管理和评价手段；三是具有反馈的功能等。但在应试背景影响下，书面作业的弊端也很多，包括作业数量过多，不加选择的题海作业布置，作业布置的单一性、封闭性、片面性特征明显。这些情况的存在，既有书面作业本身的问题，也有教师在选择、布置和批改习题中存在的问题。我们应该意识到，如果这些习题作业成为学生学习的沉重负担时，这种习题的应有价值是得不到发挥的。因此，教师在"以学生为本"理念指导下应设计、开发、布置一些"生本作业"。初中物理教师应努力作出尝试，例如习题作业的分层化、生活化、精致化、典型化等等特征的满足，都是一种生本习题资源的开发与利用体现。

（三）课程资源开发与利用分析框架确立

依据课程资源含义、类型及开发与利用相关内容的阐述，确立本研究"课程资源开发与利用"主题概念图内容分析框架如下表所示。

表 3-19　课程资源开发与利用的分析框架

	维度	表现性的描述
课程资源	内涵	有利于实现课程目标的各种资源
	功能	决定课程实施的范围和水平；影响课程目标的实现程度
	开发利用原则	优势互补；物尽其用
	开发利用策略	教学方式方法、教学用具、教师个人的教学经验总结、校内外场馆资源、地区特色资源、网络资源等
	类型 文本资源	课标、教科书、教师用书、习题册等图书资料
	实验室资源	实验室场地及实验器材等
	多媒体资源	互联网；电脑、手机、照相机等音像设备；声像系统；技术软件等
	社会教育资源	教育行政机构及社会团体的人力和财力投入；科技馆、博物馆、图书馆等场所设施设备；自然现象；生态环境；社会发展；家庭生活；文化传统等
	其他资源	教师和学生的经验、特长、感受、想法等

二、评价方案设计与实施

（一）对象选择

本部分研究对象的选择包括三部分，一是来自省属师范大学的准教师；二是来自一线在职教师 14 位，其中有三位骨干教师（用 ZJ 表示），11 位一般教师（用 JS 表示）。三是围绕"密度"主题内容（人教版物理教科书），从全国

"一师一优课"活动中随机选取了 8 节市优及以上的课堂实录作为研究对象，基本信息及编码如图 3.28 所示。

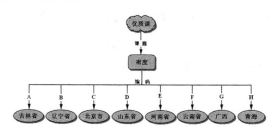

图 3.28 教育部优质课抽样信息编码表

选择这一批优质课作为研究对象主要出于两点考虑：一是它不同于全国教师技能大赛获胜的课例那般精雕细琢，更贴近教师的日常课堂教学行为，更可以挖掘日常教学中教师的课程资源开发与利用水平；二是由于是教育部组织的优质课评比活动，是需要层层选拔推荐的，所以教师面对这样的课例教学，还是会比日常课堂更贴近课标的要求去准备和开展教学，从中可以判断出教师脑海中对课程改革及课程标准的理解与领悟程度。

（二）工具开发

1. 开放型概念图试题的编制

本研究中的开放型概念图试题的编制包括两部分。首先，是围绕"课程资源开发与利用"内容的主题概念图构建。将义务教育物理课程标准（2011 修订版）实施建议中的第四部分内容，即关于"课程资源开发与利用建议"的文本内容，作为准教师和骨干教师回答问题的参考资料，要求被试结合个人的理解，绘制一幅"课程资源开发与利用"的主题概念图。

其次，是围绕"习题资源开发与利用"内容的主题概念图构建。前面的研究发现，一线教师在教科书二次开发的过程中非常关注教科书中例题、习题的编制情况，会挖掘一些编写比较好的题目，当然针对编写不足的题目也会自行选择、配备一些其它题目。再这样的一个背景下，本部分研究旨在深入考察一下初中物理教师在习题资源的开发与利用方面的情况与水平。从课程资源的视角出发，习题资源的开发与利用也是为了更好地促进学生的学习与身心发展，因此它属于课程资源开发与利用的一个具体环节。

2.依据概念图表征功能的优质课视频资料整理

针对所选的 8 节优质课视频材料，研究者利用概念图工具进行整理和对比分析，重点分析了 8 节视频的课堂引入和探究实验引入阶段。

人教版教科书第六章第二节中的内容组织与呈现过程通过概念图绘制出来，具体情况如图 3.29 所示。

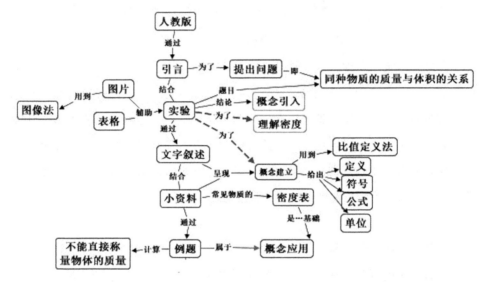

图 3.29　人教版教科书第二节密度呈现概念图

通过概念图的层级结构特点，不难看出编写者的意图，"密度"属于物理概念，物理概念的教学过程一般包括概念的引入、概念的建立、概念的理解和概念的应用四个阶段。人教版教科书的编写依据是 2011 版课程标准，其教科书内容的选择、组织与呈现等都体现了课程标准的理念与要求，以方便学生的自学，为全面落实物理课程目标服务。其中，引言部分主要是为了探究实验的引入；安排的实验探究过程部分，则是至关重要的教学内容，有利于学生密度概念的引入、建立、理解；例题部分为密度概念的应用展示。

（三）实施过程

首先，针对准教师的调查研究是结合笔者所承担的一门本科生课程进行的，作为平时作业，要求学生将"课程资源开发与利用"的开放型概念图试题材料拿回去，思考一个晚上，第二天由课代表统一收齐提交，共回收概念图作品43份。

其次，围绕"课程资源开发与利用"的开放型概念图试题材料，对三位专家型教师进行访谈，并绘制主题概念图，共回收概念图作品3份。

再次，围绕"习题资源开发与利用"的主题内容，通过概念图和访谈法进行了调查。利用暑期在职教育硕士上课的休息时间，布置了一道关于"习题资源开发与利用"的概念图试题，要求被试课下认真思考完成，并于任教课程结束前提交。共回收概念图11份。然后围绕教师的概念图与教师展开进一步的访谈交流。

最后，通过反复观看8节优质课视频资料，将8节优质课的课堂引入和探究实验的引入部分，通过概念图绘制到一起，进行直观对比分析，从而通过课堂教学过程的分析与挖掘，对初中物理教师的课程资源开发与利用情况进行总结，并推论其脑海中课程知识现状。

（四）数据处理与分析

1. 准教师"课程资源开发与利用"主题概念图分析

依照概念图的评价指标体系，对43份准教师的概念图作品的概念节点数量、有效连接词数量、分支数量、层级数量、交叉连接数量进行了统计，并总结了每一幅概念图作品的结构类型，具体数据统计情况如表3-20所示。由于只有两位被试的概念图中出现了交叉连接，因此表格中不显示交叉连接这一列的数据统计结果；连接词的统计原则和之前的研究相同，重复的用词或含义相近的连接词只计算一次。

表3-20　概念图的组成情况统计表

教师编码	概念节点	连接词	分支	层级	结构
JS1	8	2	4	3	树状
JS2	34	12	7	4	树状

教师编码	概念节点	连接词	分支	层级	结构
JS3	21	4	5	3	树状
JS4	12	4	4	2	轮辐状
JS5	31	7	6	5	树状
JS6	16	3	4	3	树状
JS7	14	4	4	3	树状
JS8	12	6	5	3	树状
JS9	16	1	4	3	树状
JS10	17	9	4	3	树状
JS11	17	6	6	3	树状
JS12	8	1	4	3	树状
JS13	21	7	6	4	树状
JS14	25	5	4	3	树状
JS15	8	4	4	3	树状
JS16	13	9	5	3	树状
JS17	19	7	5	4	树状
JS18	71	19	7	6	树状
JS19	20	7	6	4	网状1
JS20	17	12	4	3	树状
JS21	23	5	4	4	树状
JS22	32	11	7	4	树状
JS23	22	7	7	4	树状
JS24	14	7	4	3	树状
JS25	24	3	4	3	树状
JS26	13	7	5	3	树状
JS27	15	6	4	3	树状
JS28	19	8	4	5	树状
JS29	8	2	4	3	树状
JS30	17	4	4	3	树状
JS31	24	4	4	3	树状
JS32	33	6	6	5	树状
JS33	11	2	4	3	树状

教师编码	概念节点	连接词	分支	层级	结构
JS34	12	4	5	3	树状
JS35	15	1	4	3	树状
JS36	14	5	4	3	树状
JS37	21	5	5	3	树状
JS38	15	6	4	3	树状
JS39	15	2	4	3	树状
JS40	8	0	4	3	树状
JS41	15	0	4	3	树状
JS42	39	11	5	4	网状2
JS43	16	3	4	3	树状

（1）定性分析

①概念节点的基本情况

通过对43位准教师概念图的整理发现，多数被试的概念节点提取不准确，仅有个别准教师对概念节点用词做得比较准确精练，例如JS5在构建自己对"课程资源开发与利用"这一主题内容的理解时，使用"课程资源"这一词语作为概念图的第一个层级概念节点的用语。

在统计概念节点过程中还发现，有些准教师的概念节点数量虽然一致，但节点内容本身是有差异的，也就是说概念图的丰富性程度不能通过简单的计算概念节点个数来决定，还需要看概念节点所表示内容本身的质量高低。统计发现，有些准教师只是罗列了更多的课程资源分类后的具体例子，实质内容并不丰富，而有些教师虽然节点数目与之相同或可能还少于其他教师，但该教师可能提及了课程资源的含义、开发与利用的依据、功能等不同分支内容。例如，JS12的概念图节点只有8个，但该教师在概念图节点中表述了课程资源开发与利用的功能，即对教师的教科书二次开发的影响等。这要比概念节点数15个或以上，但主要是集中在具体举例部分的概念图内容丰富的多。

②连接词的基本情况

有效连接词数量的多少，反映了构图者对命题关系理解的准确与深刻程度。

多数准教师对连接词的使用仍不能令人满意，基本情况有三：一是，被试的连接词使用比较单一，仅用了包括、细化为、分为等。例如，JS12 整个概念图只有一个连接词，就是"包括"。二是，连接词对关系的表达并不准确，例如 JS3 在阐述课程资源类型时，使用"方面"这一连接词表达关系；JS33 用"要素"表示不同类型资源的连接词也不妥当。三是，部分教师概念图所用连接词不完整，只有部分地方使用了连接词，更有甚者，整个概念图一个连接词都没有，这即不符合概念图构图要求的命题完整性，同时，也无法判断构图者对相关概念节点之间关系的理解情况。

部分准教师连接词的选用比较好，概念图中出现了依据、含义、功能、类型、来源、目的、提出、建议，等等，连接词用语丰富，对命题关系的表达也很准确。例如 JS4、JS10、JS28、JS30 和 JS34。

③分支及层级的基本情况

统计发现，多数准教师围绕参考资料，绘制的主题概念图依照课程资源的四种类型分出四个分支，而所有多余 4 个分支的准教师，表明其构图的分化程度要更高一些，可能除了四种类型资源的开发与利用之外，还提及了课程资源的含义、功能等分支内容。

对概念图层级的整理发现，多数准教师的概念图具有三个层级，内容基本从课程资源的开发与利用开始是第一个层级，依据四种类型进行分支是第二个层级，再对每一种类型资源进行具体举例说明是第三个层级。具体情况参见图 3.30 和图 3.31。

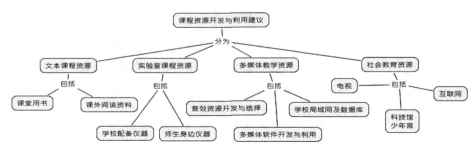

图 3.30　概念图层级分支情况示意图（一）

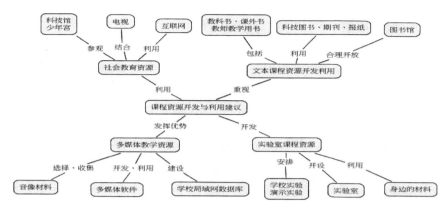

图 3.31　概念图层级分支情况示意图 2（二）

④交叉连接及概念图的结构分析

所有的概念图作品中使用了交叉连接的只有两位准教师，分别是 JS19 和 JS42，具体概念图参见图 3.32 和图 3.33。我们知道，交叉连接表达的是不同分支领域间知识的相关性，是两者的深层次联系，而仔细查阅这两位准教师的交叉连接，会发现不属于质量特别高的连接情况。例如，JS42 的三个交叉连接是出现在了多媒体资源和社会教育资源的具体类型之间，认为互联网、学校局域网及多媒体软件等之间是有交叉的，它们既属于多媒体资源的具体类型，又属于社会教育资源。

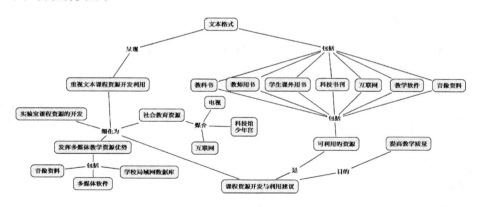

图 3.32　JS19 的概念图

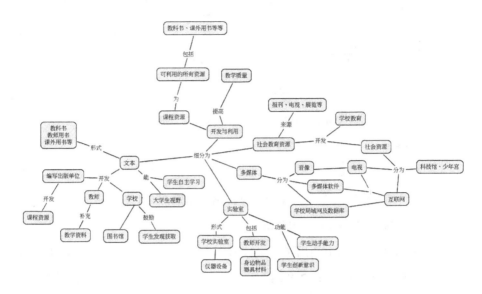

图 3.33　JS42 的概念图

从概念图结构来看，概念图的五种结构类型中轮辐状、线状是基本结构类型，能够组合成环状、树状和网状结构。被试 JS4 的概念图只画了一个层级，呈现的是概念图的基本结构类型，即轮辐状结构；JS19 和 JS42 因为使用了交叉连接，所以形成了网状概念图；而其余的 40 位教师的概念图结构都是树状结构。

（2）定量分析

43 位被试的概念图各个组成部分的描述统计分析结果如下表 3-21 所示。

表 3-21　概念图各组成部分统计表

描述统计量					
	N	极小值	极大值	均值	标准差
概念节点	43	8	71	19.19	10.962
连接词	43	0	19	5.53	3.718
分支	43	4	7	4.70	1.013
层级	43	2	6	3.37	.757
有效的 N（列表状态）	43				

由上表的标准差一列数据可见，被试群体所绘制的概念图中，概念节点数量的差异性最大，其次是连接词，而层级的差异性最小，这与我们之前根据基本情况统计表所进行的定性分析结果一致。

①概念节点

由下图概念节点数量及百分比的条形图可见，概念节点数量为 8 个和 15 个的人数最多，共 10 人。查阅这些被试的概念图发现，呈现的概念节点主要是课程资源的开发与利用建议、文本课程资源的开发与利用、实验室课程资源的开发、多媒体教学资源和社会教育资源的利用等五个短语，节点数量达到 15 个的是对每一种类型的课程资源进行了举例，而数量为 8 个的教师只是对其中一种资源类型进行了举例说明。

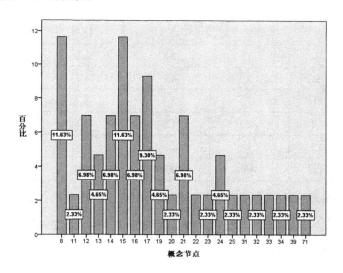

图 3.34　概念图节点数量百分比统计图

这些被试的概念节点均值为 19.19，根据此图可以统计出概念节点数量在 20 个以下的人数占总体的 65.1%，也就是说概念节点数量达到平均水平之上的教师不足四成。

②连接词

表 3-22　连接词情况统计表

连接词					
		频率	百分比	有效百分比	累积百分比
有效	0	2	4.7	4.7	4.7
	1	3	7.0	7.0	11.6
	2	4	9.3	9.3	20.9
	3	3	7.0	7.0	27.9
	4	7	16.3	16.3	44.2
	5	4	9.3	9.3	53.5
	6	5	11.6	11.6	65.1
	7	7	16.3	16.3	81.4
	8	1	2.3	2.3	83.7
	9	2	4.7	4.7	88.4
	11	2	4.7	4.7	93.0
	12	2	4.7	4.7	97.7
	19	1	2.3	2.3	100.0
	合计	43	100.0	100.0	

　　有效连接词的数量反映了构图者概念图中命题的质量。由上表 3-22 可见，连接词数量在均值 5.53 之下的人数占总人数的 53.5%，已经过半，可见被试对连接词的使用水平不容乐观。

③分支情况

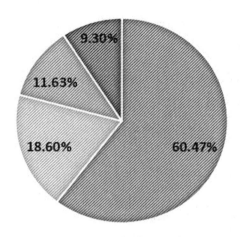

图 3.35　分支情况统计图

由分支数量的统计饼图可见，被试中分支为四个的占总人数的 **60.47%**，可见多数教师习惯于按照课程标准实施建议中给出的建议进行分支，即重视文本课程资源的开发与利用、实验室课程资源的开发、发挥多媒体教学资源的优势、社会教育资源的利用。

④层级

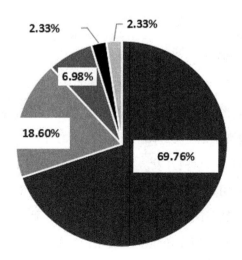

图 3.36　层级情况统计图

由上图 3.36 可见，层级数量为 3 层的占到总人数的 **69.77%**，也就是说被试基本是将课程资源开发与利用的建议作为第一个层级，文本课程资源、实验室资源、多媒体资源和社会教育资源四种类型作为第二层及，第三层级就是对每种类型再列举具体例子。

2. 骨干教师"课程资源开发与利用"主题概念图分析

（1）骨干教师 M 的概念图结果分析

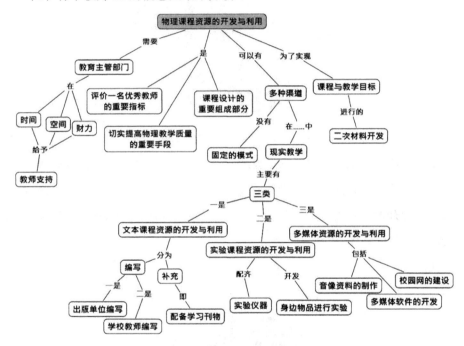

图 3.37　骨干教师 M 的概念图

从该教师的概念图分支来看，阐述了课程资源开发与利用的地位与作用、目的与渠道，以及影响因素。教师进行课程资源的开发与利用是为了完成课程与教学目标而进行的二次材料开发。在现实教学中主要有三种渠道，一是文本课程资源的开发与利用；二是实验课程资源的开发与利用；三是多媒体资源的开发与利用。该学科教师认为课程资源的开发与利用是评价一名优秀教师的重要指标，是切实提高物理教学质量的重要手段，是课程设计的重要组成部分。物理课程资源的开发与利用需要教育主管部门在时间、空间和财力上给予教师大力的支持。

（2）骨干教师 L 的概念图结果分析

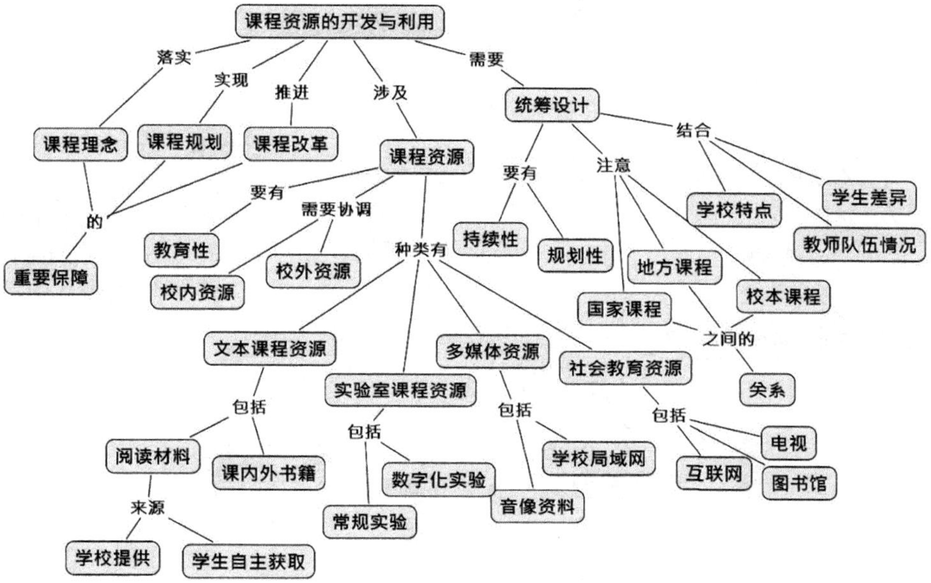

图 3.38　骨干教师 L 的概念图

　　骨干教师 L 重点阐述了课程资源开发与利用的地位、作用、种类及条件保障。课程资源的开发与利用是落实课程理念、实现课程规划、推进课程改革的重要保障。教师进行课程资源的开发与利用需要统筹设计，这是基本前提。要结合学校特点、教师队伍情况和学生差异进行统筹规划；要注意国家课程、地方课程和校本课程之间的关系；要有持续性和规划性。对于课程资源的类型提及了需要协调校内资源和校外资源，重视文本课程资源、实验室课程资源和、多媒体资源和社会教育资源的开发与利用。

（3）骨干教师 W 的概念图结果分析

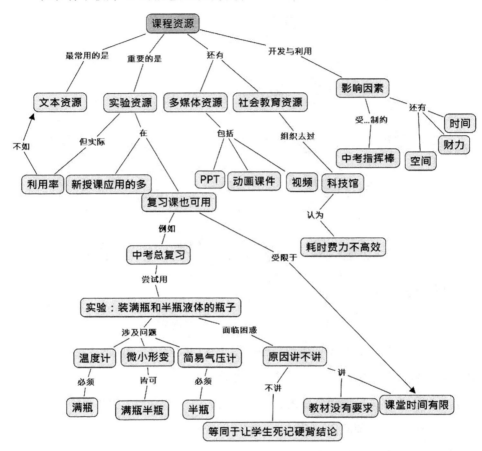

图 3.39　骨干教师 W 的概念图

从骨干教师 W 的概念图可以看出，该教师对课程资源类型的重要程度是有排序，认为文本资源利用率最高，实验资源最重要，但没有文本资源利用率高；实验资源主要体现在新授课教学中，教师利用一些实验仪器、生活用品等进行的实验；认为在复习课中应用实验的教学效果非常好，但不能经常使用，原因是课堂时间有限，例如该教师就举例说明了自己在中考总复习中的一次教学尝试，用一个瓶子，通过满瓶、半瓶的演示，将温度计、微笑形变和简易气压计等知识融合到一堂课中教学，学生兴趣很浓，学习效果很好，但出现的问题就是如果把满瓶或半瓶的原因引导学生分析太透，就会耽误很多课堂时间，不利于教学任务的完成，如果不讲，又感觉和机械记忆的教学没有差异。该教师结合个人工作经验，对经常使用的多媒体资源类型进行了列举，同时也谈到了社会资源使用的情况和遇到的问题，相对而言，在教学中社会资源的使用率最低。该教师还认识到课程资源的开发与利用是有条件限制的，也就是影响因素的分析，认为中考指挥棒是最重要的影响因素，还有教师的时间、空间和财力等现实问题也是影响课程资源开发与利用的因素之一。

综上所述可见，骨干教师对课程资源的理解要更丰富一些，除了课程资源的类型阐述外，还会涉及课程资源开发与利用的影响因素、目的、功能等内容的分析。在课程资源类型的阐述上也不像准教师那样简单罗列四个类型，而是有所排序和取舍。同时，骨干教师在构图中也会结合自己的工作经验进行阐述。

3. 教师"习题资源开发与利用"主题概念图分析

（1）概念图示例

为了更清晰看出概念图作品的形式与内容，利用 Cmap Tool 软件对回收的11 幅概念图作品进行了重新绘制，被试概念图作品示例参见以下三幅图。

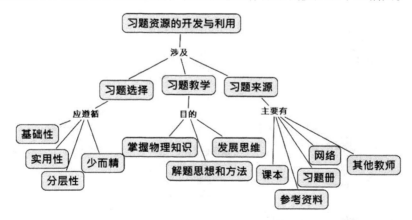

图 3.40　JS1 的概念图

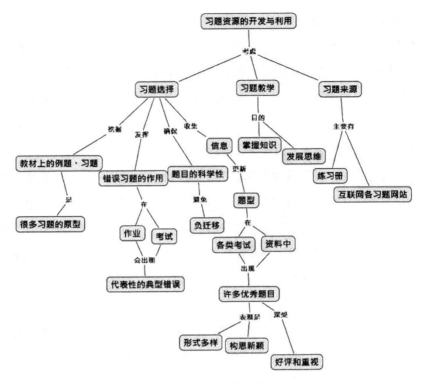

图 3.41 JS5 的概念图

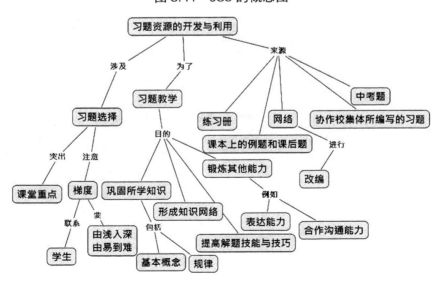

图 3.42 JS10 的概念图

（2）定量分析

本研究依照概念图的节点、连接词和层级数量组成部分进行统计分析。由于在布置概念图任务时已经明确要求教师围绕习题教学的目的、习题选择需要考虑的因素以及习题的来源进行构图，所以这里进行定量分析时，对被试概念图的分支不进行统计。关于层级数量的统计做一说明：为了对能够举出具体事例说明自己观点的教师的肯定，我们将连接词选用"例如"对应的节点也作为一个层级计算。11 位被试的概念图基本情况统计如下表 3–23 所示。

表 3-23　概念图组成部分统计表

编号	概念节点数量	有效连接词数量	层级数量
JS1	16	4	3
JS2	23	7	4
JS3	23	8	4
JS4	16	6	4
JS5	24	13	7
JS6	19	10	5
JS7	20	8	4
JS8	15	10	4
JS9	17	10	4
JS10	21	11	4
JS11	14	7	3

将数据录入 SPSS 软件系统，统计分析结果如下表 3–24 所示。

表 3-24　统计分析结果

统计量				
		概念节点	连接词	层级
N	有效	11	11	11
	缺失	0	0	0
均值		18.91	8.55	4.18
众数		16a	10	4
标准差		3.534	2.544	1.079
极小值		14	4	3
极大值		24	13	7
a.存在多个众数。显示最小值				

①概念节点统计分析

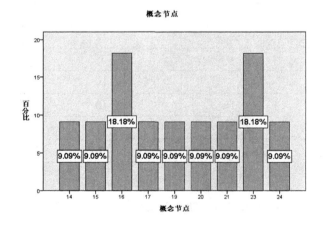

图 3.43　概念节点百分比统计图

由概念节点条形图统计结果来看，概念节点数目最少的为 14 个，最多的达到了 24 个，从 14 到 24 这个区间的变化还是很均匀的，只有 18 和 22 没有被试。选择 16 个节点和 23 个节点的人数分别有 2 人，其余均为 1 人。

②有效连接词统计分析

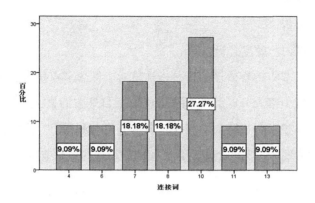

图 3.44　连接词百分比统计分布图

对于有效连接词的计算遵循一个基本前提，即重复出现或语义相近的连接词只计算一次，这里对教师选用"例如"这一连接词进行举例的也计算为 1 个有效连接词。由上图可以看到，被试连接词的选用从 4 个到 13 个不等，有效连接词为 10 个的人数最多，有 3 人，占总人数的 27.27%。

③层级数量统计分析

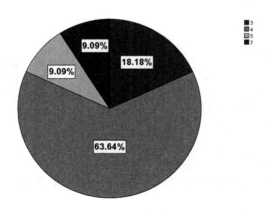

图 3.45　层级数量百分比分布饼图

由上图 3.45 可见，被试对于习题资源开发与利用的层级划分到 4 层的人数最多，占总人数的 63.64%；层级数量最小值为 3 层，有 2 人；层级数量最大值为7层，有1人；还有1人的概念图层级数量划分为5层。具体情况我们在定性分析时再详细展开说明。

（3）定性分析

①概念节点内容效度分析

这里所说的节点内容效度分析是指被试对于概念节点用语准确性的选择情况。这里将被试中概念节点数最少的JS11和数目最多的JS5的节点内容列表对比如下表所示。说明：去除与"习题资源的开发与利用""习题选择""习题教学目的"和"习题来源"四个短语含义相同或相近的概念节点。

表3-25　概念图各个节点内容统计表

编码	习题选择依据		习题教学目的		习题来源	
	节点内容	数量	节点内容	数量	节点内容	数量
JS11	题目的科学性；知识性、思想性和解题的技巧	2	理解基础知识；促进非智力因素发展；发展数学思维能力	3	课后习题；练习册；网络习题；课外资料；教材例题、习题；作业、考试中错题	6
JS5	代表性的典型错误；作业；信息；各类考试；好评和重视；形式多样；很多习题的原型；教材上的例题、习题；构思新颖；考试；许多优秀题目；负迁移；资料中；错误习题的作用；题型；题目的科学性	16	掌握知识；发展思维	2	练习册；互联网各习题网站	2

由上表3-25可见，两位教师都非常强调错题在习题教学中的重要价值，重视习题选择过程中对错题的积累和挖掘。

由JS5的概念节点分布可知，该教师对习题的选择比较重视，而对习题教学目的和习题来源的说明较少，分别只有2个意义节点。分析JS5对习题选择的理解，可以看出该教师的一些概念关系不够准确，例如，有一个分支命题是"习题选择挖掘教材上的例题、习题"，而这里的概念节点"教材上的例题、习题"准确来说，应该属于习题来源分支的一个内容；但该教师更深入的一个命题表明了其对习题选择的深入思考，即阐述了为什么要挖掘教材上的例题和习题，是因为"教材上的例题、习题是很多习题的原型"。该教师在习题选择这一分支也谈到了比较受教师欢迎的题型，即那些"形式多样、构思新颖"的题目。该教师对习题选择的过程与方法等，认识比较深刻，阐述更加具体，这从 7 个层级的数量就可以得到证实。

JS11 对习题资源开发与利用的阐述比较浅显，三个方面都没有深入地理解呈现，相对而言，在习题的来源方面，进行了比较丰富的举例。而且该教师单独用一个连接词"注意"将习题的两个来源进行了单独说明，一是挖掘教材例题、习题；二是作业、考试中错题。

②概念图结构分析

由于概念图评价任务的限制，11 位被试的概念图分支都是按照习题选择的考虑因素、习题教学目的和日常教学中习题的主要来源三个方面进行划分的，而层级关系也是非常清晰的呈现了自己的类属关系理解，概念图中的交叉连接很少，只有 JS11 中有两个，是关于习题来源的表述，是由于被试自己认为的分支划分，出现的实质意义不大的交叉连接。其余教师概念图形式都属于树状结构，即由基本的轮辐状和线状结构组成的树状概念图结构。

③ ZJ3"习题资源开发与利用"主题概念图分析

为了更好地了解被试对习题资源开发与利用的认识水平，本研究对 ZJ3 进行了访谈，获取了该教师的概念图，如下图 3.46 所示。

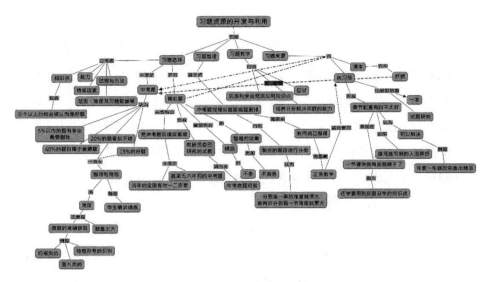

图 3.46　骨干教师 W 的概念图

　　从骨干教师 W 的概念图可以看出，该教师对问题解释的非常丰富、深入，与其他 11 位教师绘制的概念图相似度不大。该教师结合个人实际工作经验，分别从习题选择、习题整理、习题教学、习题来源和习题选择过程中会考虑的一些因素论述了自己的想法和观点，在协助该教师构图过程中，整合出四个分支，即习题选择、习题整理、习题教学和习题来源。从骨干教师 ZJ3 的言谈和构图中，可以看到该教师对历年中考题的重视（从该教师很顺畅地给出一个自己认为的中考题质量比例也可以证实）。该教师坦言自己多年来一直在整理着中考题，感觉这一过程对个人评题能力的提升很有帮助。同时，该教师也坦言，这一过程的耗时费力和难度之大。言语中流露出希望从学校层面进行有效的组织。例如，发挥团队力量、给予时间及空间保障、有效奖惩制度等方面。该教师在习题教学目的中直言不讳，应试是主要的教学目的，认为在这一过程中，经过高质量的题海战术训练，应试成绩应该是很好的。而他所谓的高质量的题海战术，前提就是高质量习题的选择与整理，而这就回到了他对中考题的看法和做法上了。

　　④概念图相似度分析

　　由于 JS10 教师构建的概念图节点、连接词数量属于整体被试中中等水平之上的，层级结构为 4 层，与多数教师一致，因此，这一部分以 JS10 教师的概念图作为基准，利用概念图构图软件自带的概念图比较功能，将 JS10 与其他 11 位（包括骨干教师 ZJ3 教师的概念图进行比较，结果如下表 3-26 所示。

表 3-26　概念图相似度比较统计表

指标	JS10		JS1		JS2		JS3		JS4		JS5	
相同点个数	21	11	6	3	7	3	6	4	7	6	4	2
相似度	1	1	28%	27%	33%	27%	28%	36%	33%	54%	19%	18%
指标	JS6		JS7		JS8		JS9		JS11		ZJ3	
相同点个数	6	5	4	5	3	4	7	4	6	6	11	4
相似度	28%	45%	19%	45%	14%	36%	33%	36%	28%	54%	52%	36%

由表 3-26 可知，因为骨干教师 ZJ3 概念图涵括的内容太丰富了，所以与基准概念图 JS10 相似度是这些教师里最高的，达到了中等以上相似度。

编号 JS4、JS6、JS7、JS11 等的概念图和编号为 JS10 的概念图连接词相似度最高，分别为 54%、45%、45% 和 54%，这说明这些教师在构图过程中对概念图连接词的选用比较单一。而概念图中概念节点的相似度最高值只有 33%，分别是样本 JS2、JS4 和 JS9 三位教师。可见，各位教师对概念图节点的划分分歧较大。总体来说，在"习题资源开发与利用"这一主题的概念图上，11 位教师所构建的概念图整体相似度不高。

⑤在职教育硕士习题设计意图分析

根据评价任务的布置，要求在职教育硕士在绘制完习题资源开发与利用的概念图后，还要进行片段教学设计和设计意图的说明，这里将 11 位被试的设计意图汇总到一幅概念图中进行对比分析，具体内容如下概念图所示。

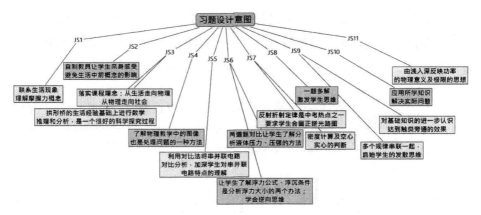

图 3.47　习题设计意图的概念图

教师在进行习题教学设计的过程中，自然就会流露出对习题选择、教学目标、习题教学一般过程所持有的观念，而设计意图是最有效的展示平台。通过上图 11 位教师片段教学设计中设计意图的提炼，可以看出，多数教师注重解题思想和方法的训练，例如，对比法、图像法、一题多解、发散思维、极限思想、数学推理和分析等；也有教师能够联系学生生活经验，引导学生应用所学知识解决实际问题，注重课程理念的落实。当然，也有教师仅仅强调了物理规律的重要性，例如，JS7 设计意图"光的反射定律、折射定律是中考热点之一，要求学生不仅要会根据反射定律和折射定律由入射光线画反射光线和折射光线，而且要会根据反射折射光线画入射光线。"

4. 优质课中教师"课程资源开发与利用"主题概念图分析

（1）课堂导入阶段的课程资源开发与利用

下图是 8 节优质课课堂导入部分的具体情况概念图。教师在上课之前对课堂导入部分的精心设计，是为了创设一个成功的问题情境，引导学生积极主动地进入课题的学习，而这需要丰富的课程资源支持。从图中可以看出，多数教师的课堂都从创设情境开始，不同的教师所采用的课题引入方式多有不同，形式多样：有从生活现象引入的、有从自拍视频引入的、有从演示实验引入的、有从新闻媒体引入的、有从思考题引入的、有从图片引入的。概括而言，多数教师都会选择与学生生活经验密切相关的物质鉴别这一话题设计问题情境。例如，B课中的教师先借助多媒体播放一段学生自拍的视频，讲述的是一起受骗的故事，学生看着自己熟悉的同学的滑稽表演，兴趣颇浓，随着视频结束画面停止在表演者手中的一块"金子"，抛出核心问题"如何鉴别金子真假"；接下来，教师借助多媒体呈现生活中一些通过气味、味道、颜色等属性可以鉴别的物质，然后给出被包裹起来的一些金属块请学生鉴别，引入密度探究实验。这体现出教师对课程标准所提倡的"从生活走向物理，从物理走向社会"理念的深入理解与落实情况。

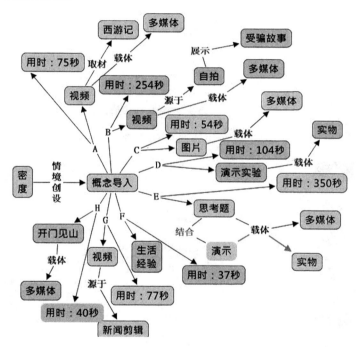

图 3.48 优质课课堂导入部分的情境创设概念图

（2）探究实验引入阶段的课程资源开发与利用

密度探究实验的引入设计也是一种情境创设过程，探究实验的引入与之前的课堂导入是否顺畅，一定程度上彰显了任课教师整体课程的设计思路与水平，而这一过程的引入是否成功，也与教师课程资源的开发与利用水平密切相关。纵观8节优质课视频，将密度探究实验引入这一环节的具体情况汇总，展示部分优质课示例，如以下系列概念图所示。

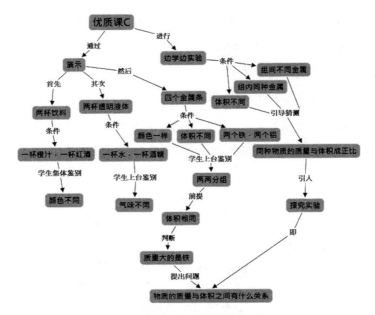

图 3.49 优质课 C 的概念图表征

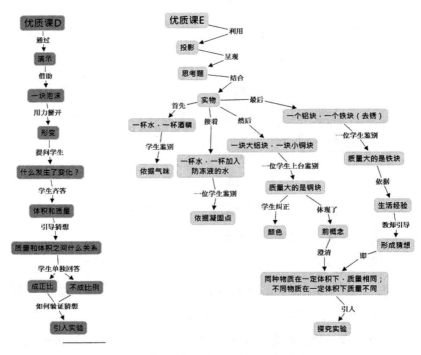

图 3.50 优质课 D 和 E 的概念图表征

由示例可见，优质课中的教师都能通过实物结合经验鉴别物质，递进式提出探究问题"同种物质的质量和体积之间存在什么关系呢"。教师有意识的开发利用各种课程资源，希望通过演示实验，结合日常生活经验，引导学生发现并表述自己的问题。为了学生更好地进行猜想，教师引导学生利用生活经验结合课堂上的小实验去体验，然后有理有据的去猜想物质的质量与体积之间到底是一种什么关系。

例如，优质课 C 中的教师，不仅利用生活中常见的物品如酒杯、饮料等进行了课堂演示实验，还为每组同学准备了边学边实验，让学生在经历实验探究后，更加有依据的进行猜想。其教学过程文字叙述如下。首先，拿出两杯不同液体，请学生鉴别，学生回答一个橙汁一个葡萄汁，根据颜色鉴别；接着，教师拿出两杯无色液体请学生鉴别，一个是酒精一个是水，学生齐答"气味"，请一位学生扇闻的方式鉴别出酒精。然后，教师拿出四个颜色一样的金属块，两个铁两个铝，请学生帮忙鉴别，一位学生登台鉴别，先拿出两个体积一样的金属块，判断质量大的是铁块，再比较剩余两个体积一样的，判断质量大的是铁块，教师引导提问"为什么如此分组鉴别？"学生答，"应该同体积才能进行比较吧"（这其中体现了一种控制变量的思想）。其次，教师拿出两个体积质量都不同的金属块提问，是不是就不好比较了？请同学分组（两人一组）用提供的器材，进行边学边实验，教师提示同学用体积排序，从小到大用手掂一掂感觉一下。学生做完实验后，教师引导学生进行猜想"同种物质的质量与体积成正比"，那是不是成正比，到底是何种关系，需要实验检验。到此为止，教师成功地完成了探究实验的引入"探究同种物质的质量与体积的关系"。

三、研究小结

本节通过三个实证研究探讨了教师课程资源开发与利用过程中的个体知识结构与水平。一是准教师课程资源开发与利用概念图分析；二是在职教育硕士习题资源开发与利用的概念图分析和习题教学设计意图的挖掘；三是基于优质课的概念图表征，了解教师课程资源开发与利用的实际水平。通过这三个实证研究的分析，总结教师课程资源开发与利用的知识结构与水平。

（一）教师"课程资源开发与利用"知识的结构较为离散

从概念图呈现上来看，无论准教师，还是在职教育硕士，都更习惯于一种简单的树状结构，即一种脑海中类属知识脉络关系的表征，对概念之间的交叉关系挖掘不够。一定意义上来说，这些教师脑海中的知识结构属于离散型，不是直线型，网状结构也是非常少，可见教师们脑海中有关课程资源开发与利用方面的知识储存呈现一种离散状态，相互之间的融合还不是很理想。

通过与三位骨干教师"课程资源开发与利用"主题概念图的对比分析，发现准教师基本都是参照所给的阅读资料（即 2011 修订版实施建议中的关于课程资源开发与利用的建议）进行构图的，个人理解和独创性内容非常少，这可以从概念图的有效连接词数量、分支和层级水平得到证实。

1. 概念图的结构类型比较简单

通过被试概念图的统计分析发现，准教师对课程资源开发与利用的建议比较习惯于用轮辐状的概念图结构来呈现。基本采用的是"总—分—例子"的三个层级的结构形式，即属于概念图结构中的树状图。

2. 概念节点、连接词的提取不够精练

被试的概念图中概念节点的提取基本都属于合理水平，但不够精练，有的将短句和词语混合使用，标准不够统一。对于连接词的提取同样存在着不重视或比较单一的情况，而且多数教师的连接词使用比较随意，不够精练。

（二）专家型教师的"课程资源开发与利用"知识内容比较全面

骨干教师在参照所给材料，构建"课程资源开发与利用"的主题概念图时，除了关注课程资源的类型、途径、具体例子等之外，还会提及含义、功能、来源、影响因素等分支内容。可见，相比于准教师而言，骨干教师对课程资源开发与利用的理解会更为系统和丰富。

对于习题的选择多数教师会考虑习题的难易程度、针对性、覆盖面等问题，但对于习题的多样性、灵活性重视不足。对于习题选择中除了习题本身特点的说明外，习题选择的原则、过程、方法，习题选择的目标、原因，习题选择对教师、学生的重要功能与意义等挖掘不够，甚至缺失，可见，教师对习题选择的知识领域理解不够全面。

（三）教师难于将"课程资源开发与利用"知识转化为实际教学行为

以中考题的改编为例，和一位有 20 年教龄的被试交流，这位教师就说了很多自己的经验和认识，而这恰恰属于课程知识发展的一个侧面。该教师认为中考题是一个非常好的习题选择来源，并谈到了自己在整理改编中考题过程中付出的艰辛及取得进步，例如对个人评题能力、命题能力的提升。其实，从教师对习题来源的分析，就可以谈到习题选择的影响因素、习题对教师个人成长等许多现实问题，如此自然就会构建出一张概念节点丰富、相互关系错综复杂的习题主题知识结构概念图。

教师们对于习题来源的罗列还是比较丰富、全面的，但对每一来源的深入分析不够。例如，多数教师都会提及教材中的例题、习题，练习册，中考题，网络资源，自己改编的题，同伴组题等。但对于每一种习题来源是如何进一步选择的，其实，这里就体现了一个连接，即与习题选择之间的密切关系。而进一步的和部分教师访谈发觉，对于每种习题来源的具体选择与方法，教师们也是有自己的经验和感悟的，但基本都不善于在概念图中进行表达，而这恰恰可以说明教师们脑海中对这一领域的知识理解还是不够熟练和成体系。

（四）"课程资源开发与利用"知识情境化水平越高，课堂效果越好

本研究分析了课堂教学过程中教师在进行情境创设时对课程资源的开发与利用情况，结合优质课的概念图分析，可以总结出教师的课程资源开发与利用情景化水平。

首先，教师都能够自制新颖、实用的教具。优质课中的各位教师在教具选择与自制上大放异彩。各种取材生活、新颖高效的教具让人耳目一新，对课堂的教学效果是不言而喻的。

其次，能够发挥多媒体教学资源的优势。课程标准中明确鼓励教师开发和使用丰富的多媒体教学资源，使物理课程的学习更生动活泼、丰富多彩。笔者所观察的优质课都不同程度地使用了音像资料、多媒体软件等，改变了传统

155

的电子板书、声像再现等单一的应用形式，黑板和多媒体技术配合使用的效果不错。

（五）教师对"课程资源开发与利用"的价值判断倾向于认知维度

对教师们的习题教学设计意图的剖析也进一步证实，教师们对教学中物理基础知识的掌握、解题思想与方法的学习都是非常认可的，也会注重通过多种途径引导学生去学习和掌握习题求解的一些技巧与方法。相比之下，教师们在习题教学中对学生学习兴趣的激发、公民意识、社会责任感、人生观、价值观等的情感态度与价值观教育不够明晰。

将被试对习题教学目的节点内容进行汇总，发现多半教师都会关注知识与技能目标，即掌握基础知识；过程与方法目标，即解题思路与方法，学习习惯及思维能力的发展等；但对于新课程改革所倡导的三维目标中的"情感态度与价值观"目标基本没有体现。

（六）骨干教师对"课程资源开发与利用"知识的运用更灵活

对比骨干教师与一般教师的概念图，我们发现骨干教师通常不满足于做课程的被动实施者。骨干教师能够表达一种观点，即教材只是物理课程资源的一种，教材内容可以根据具体情境进行增删与调整，教材的次序安排也可以根据需要进行变换。调查发现，个别骨干教师为了教学目标的完成，从教材之外选取相关资源帮助学生进行知识拓展；还有的专家型教师甚至放弃指定使用版本的教材不用，自己依据教学目标编写教材进行教学。而一般教师通常只是按照教材的安排顺序组织教学，将完成教材上的教学内容作为教学任务达成的唯一标准。由此可见，一般教师缺乏课程意识，在课程开发方面的知识和能力发展不完善。骨干教师和一般教师能否在实际教学中对教材进行灵活地、创造性地开发与运用，对课程资源进行合理、有效的整合成为重要区分。

总体来看，准教师、在职教育硕士和骨干教师的概念图中对课程资源的类型、开发途径、意义等论述较多，而相比之下，很少关注课程资源开发与利用的影响因素、原则、功能等内容。由此可见，教师脑海中有关课程资源开发与利用的理解是不够全面、系统的。

第四章

中学理科教师个体知识发展的实践探索

基于概念图测评中学理科教师个体知识的案例研究发现，专家型教师个体知识的结构性、情境性特征明显，建议构建中学理科教师个体知识发展共同体，可以充分发挥专家型教师的优势。同时，中学理科教师个体知识发展共同体的构建，有助于每位教师将内隐于个体心灵或行动中的不可言传的知识表达和传递出来，即将教师个体的隐性知识显性化，实现教师个体知识的共享与传播，从而发挥和彰显教师群体的智慧与力量。

第一节　中学理科教师个体知识发展的模式构建

本研究在教师个体知识发展的实践探索过程中，尝试构建协同教研的中学理科教师个体知识发展模式。

一、协同教研模式释义

长期以来，教研工作在推进课程改革、指导教学实践、促进教师发展、服务教育决策等方面，发挥了重要作用。[①] 为更好发挥教研支撑作用，需加强和改进新时代教研工作。[②] 教研通常理解为教学研究，是指在现代教育思想指导下，以教育理论为依据，以教学现象、教学事实所反映的教学问题为研究对象，用教育科学方法对学科教育领域的实践和理论进行有意识地探索，是有意识、有目的、有计划、有组织地对教学现象和教学未知领域进行研究的过程[③]。

所谓协同教研，重在"协同"，强调在合理的教研机制引导下，促进数位个体教研者融合为统一的有机整体，协同一致地完成目标教学研究系统。中学理

① 郑青岳. 教学研究：教师的幸福之路（一）——教学研究的几个首次 [J]. 物理教师，2015，36(01):73-76.
② 武晓萌. 基于网络学习空间的协同教研模型构建及策略研究 [D]. 东北师范大学，2019.
③ 宋晓青. 中小学教师在线教研平台使用行为影响因素研究 [D]. 华中师范大学，2020.

科教师个体知识发展的协同教研模式提倡从教师集体困惑中凝练研究主题，经历课堂教学问题的提出与解决，进而提升教师个体知识的结构与水平。聚焦课堂的协同教研模式具体内容如图 4.1 所示。

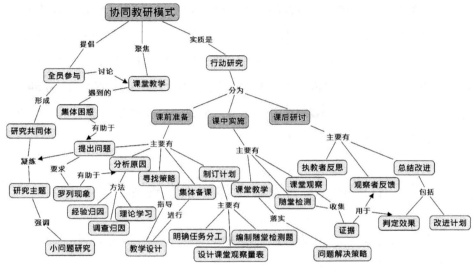

图 4.1　协同教研模式图

二、协同教研开展的两个前提

（一）协同教研共同体的组建

2018 年颁布的《中共中央国务院关于全面深化新时代教师队伍建设改革的意见》中提出推进地方政府、高等学校、中小学"三位一体"协同育人。[①] 师范专业认证标准中强调高校和中小学协同教研 [②]。《关于深化教育教学改革全面提高义务教育质量的意见》中"鼓励高等学校、科研机构等参与教育教学研究与改革工作"。可见，构建高校、地方政府、教研机构和中小学共同参与的协同教研共同体是建设新时代高素质、专业化教师队伍的迫切需要。

---

①　段雨薇，杜秉东."线上＋线下"协同：融合信息技术的社团活动实践——以"STEAM 与趣味物理"社团活动为例 [J].中学物理，2020，38(19):44-46.

②　吴磊，吴砥，徐晶晶，贺冉冉，周鹏.网络学习空间支持下中小学教师协同教研的影响因素研究 [J].现代远距离教育，2018(02):53-61.

协同教研共同体的组建，强调涵括高校教师教育者、地区教研机构教研员和中学教师。其中，高校教师教育者可以发挥教育科学研究能力的优势，教研员可以发挥组织协调优势，中学教师可以发挥教学实践优势，从而形成优势互补、协同发展的研究共同体。最终，高校教师教育者更加深入地了解中学课程与教学改革情况和存在问题；教研员提升教育科学研究指导能力；中学教师不仅解决教育教学实际问题，更提升自身教学研究能力。

在教学研究发展的不同阶段，研究共同体中的成员各自扮演不同的角色、发挥不同的作用，使研究更具有实效性。最初，在问题提出和解决过程中，高校教师教育者主要发挥示范引领作用，教研员协助指导，中学教师参与体验。期间，经历一个或两个完整的问题提出和解决过程后，教研员主要发挥示范引领，高校教师教育者协助指导，中学教师进一步感受体验。最后，伴随研究经历的不断丰富，中学教师逐步独立完成问题提出与问题解决的过程，教研员协助指导，高校教师教育者退出中学教学研究活动。

（二）协同教研基地校的选择

随着信息技术的飞速发展，出现了网络教研等多种教研形式，协同教研的组织与开展日益便捷。实际过程中，可选择以面对面教研活动为主，以视频会议、微信、QQ等互联网手段为辅。协同教研基地校选在中学教师所在学校最佳，高校教师教育者、教育管理者和教研员前往中学参与教学研究活动。

以中学教师所在学校为协同教研主阵地有助于中学从事学科教学工作的教师"全员协同"参与教学研究活动，有助于每所中学教师群体形成良好的教学研究氛围，有助于教学实践与课堂观察等教学研究活动的深入、系统开展。

三、协同教研实施的三个环节

协同教研主要围绕课堂教学展开，其实施过程主要包括课前准备、课中实施和课后研讨三个环节，为了中学理科教师教学实践问题的有效解决，这三个环节可能会循环往复进行。这里的课前准备并非只有备课，课上实践并非只有上课，课后研讨也绝非只有评课而已。

（一）课前准备是协同教研的基础

课前准备的有效开展是确保中学理科教师教学研究工作取得成效的基础，课前准备工作主要包括提出问题、分析原因、寻找策略、集体备课、制订教学研究计划、设计课堂观察量表、任务分工等。

1. 提出问题

问题是中学理科教师开展教学研究的起点，需要团队教师在课堂教学中通过观察思考，提出问题，进而凝练成研究主题，这是聚焦课堂的协同教学研究模式不同于传统教研活动的关键所在，问题的提出包括发现问题和表述问题两部分。

（1）发现问题——罗列现象是关键

教学研究问题一定是来源于中学理科教师所在学校的课堂教学实践，教师结合个人实际工作中的困惑与同伴交流，交流的重要内容是围绕自己的困惑罗列现象，这一过程是在引导教师解释说明自己发现的问题，也为后续原因分析奠定基础。

（2）表述问题——明确具体是核心

教学研究问题的表述一定要突出"有价值、周期短、范围小、易操作、效果实"的原则。问题明确具体是判定教师问题表述是否科学的核心，建议中学教师开展教学研究工作的问题尽量小，便于教师群体短时间内集中精力解决问题，看到成效，有获得感，从而体会到从事教学研究的幸福。

2. 分析原因

针对提出的问题，要求教师必须罗列现象进行说明的目的就是为了查找现象背后的原因，只有问题产生的原因分析到位，才能为下一步寻找问题解决策略奠定基础。中学教师分析问题产生原因的常用方法有经验归因、调查归因和理论学习归因。

经验归因主要指教师凭借个人或同行经验对研究问题的成因进行分析与判断，经验归因是有一定局限性的。实证研究反对这种相对朴素的归因思路，提倡每一个判断都应该有据可循，面对研究问题应开展调查归因。调查的对象可以是教师、学生或家长等，通过访谈、问卷调查、课堂观察、家访等方式收集证据，用证据说话，调查归因有助于中学教师养成一种科学精神，不盲从、盲信权威。调查归因提供的是一些真实的证据，而理论归因提供的主要是分析问题的依据，是教学研究推进的一个必要过程。教师开展理论归因的途径可以是查阅期刊、著作，听取专家报告，接受专家现场指导等，以理论为依据进行归因分析，有助于教师养成带着问题去读书和向专家请教的习惯。

3. 寻找策略

中学教师通过经验反思、调查取证或理论学习等途径寻找问题产生的原因及问题解决的有效策略，针对具体学科课题，共同探讨课堂教学方法的选择与运用。这里需要明确说明一点，围绕课堂教学问题的解决策略不是具体的课堂教学方法。例如，围绕初中生观察能力薄弱提出"课堂教学中如何培养学生观察能力"的研究问题，寻找到的问题解决策略是"创设情境，激发学生观察兴趣"，而这一问题解决策略的落实需要教师针对不同教学内容选择适当的教学方法与手段创设情境去激发学生的观察兴趣，演示实验、互动游戏、播放音像素材等都有可能成为激发学生观察兴趣的具体方法与手段。

4. 集体备课

聚焦课堂的协同教学研究模式离不开具体的学科内容，教师要选择典型学科内容进行集体备课，针对问题，团队一起进行教学设计，明确教学重点与难点，选择适当的教学方法与手段，从而为问题解决策略的有效落实做好充分准备。

结合实践探索发现，中学教师对集体备课的认识主要存在两点困惑：一是认为集体备课就是一个人说说，大家听听即可；二是认为集体备课最终形成的教学设计必须是一致的。聚焦课堂的协同教学研究模式的集体备课绝不是一个人备课，其他人毫无准备的听听即可。既然研究问题来源于集体的困惑，就要调动教师群体参与到研究问题的解决过程中来，在集体备课环节必须要集思广益，开展深入的交流讨论，拿出一个集体的教学设计。集体备课中"深入"的标准就是：团队每一位成员都要非常清晰并认同这个教学过程中的每一个环节、每一个活动的设计意图。当然，这个"共同"的教学设计不是一字不差的完全一致，每位教师在执教时，可以充分考虑本班学情做适当调整，在集体备课的基础上进行个人的"再备课"。例如，围绕"小实验优化课堂教学效果"的研究主题，针对所选学科具体内容进行集体备课的时候，大家集思广益设计了一些实验内容，课堂教学中这些实验是演示还是边学边实验，每个人可以调整实验的形式及教学时机，但不能一个实验都不采用，因为这有悖于教学研究之集体备课的初衷。

5. 制订计划

作为一种教学研究模式，课前研讨阶段的一项重要内容就是制定周密的研究计划，主要包括团队成员的任务分工、任务要求及研究日程安排等。首先，进行团队成员的任务分工。在开展具体的教学研究之前，一定要进行团队成员的分工，主要包括团队成员的主持人由谁担当；每一次集体备课的主备人是谁；确定的教学设计由谁执教第一次、第二次，甚至更多次；每一次执教后的研讨时间；课堂观察具体任务的分配；课后研讨的组织安排等。

其次，明确团队成员的任务要求。一是主持人要明确自己的职责权限，做好任务分工及组织安排；二是主备人在集体研讨的基础上完善教学设计；三是团队讨论进行具体观察点的确定；四是负责课堂观察量表任务的成员要按照要求完成课堂观察量表的设计、观测位置及使用说明等；五是负责随堂检测题编制的成员要按照要求完成试题编制、施测及审阅分工说明等，这些内容是传统教研活动所忽略的地方。

最后，做好周密的研究日程安排。针对研究主题的预计周期进行具体安排，包括每一个课题的集体备课时间、次数；课上实施教学设计的时间、次数；每一次课上实施后的课后反思时间安排、研讨次数等。

综上所述，教学研究的第一阶段"课前准备"可能需要一次、两次或多次才能完成相关准备工作，从而顺利进入教学研究的第二环节，即"课中实施"。随着第一次"课中实施"完成后，每次课后研讨的侧重点会随着教学研究工作的推进而有所不同。同时，每一次"课后研讨"可能就是下一次"课中实施"

之前的"课前准备"阶段，换句话说，聚焦课堂的中学教学研究模式的课前研讨和课后反思随着上课展示环节的发生会有交叉。

（二）课中实施是协同教研的关键

课中实施是中学理科教师教学研究工作取得实效的关键所在，协同教研的课中实施主要包括课堂教学、课堂观察和随堂检测等实践活动。课堂是提高育人质量的关键环节，协同教研共同体的教师必须围绕培养时代新人的目标要求，结合课堂教学实际问题开展研究工作；必须通过课中实施进行课堂检测，总结课堂教学改革经验，从而落实学生学科核心素养的培养和教师教学研究能力的提升。

1. 课堂教学

依据集体的教学设计进行教学实践，将寻找到的问题解决策略通过具体的教学方法与手段等运用到课堂教学活动之中。团队成员要清楚，针对集体确定的每一个研究主题，可能会经历几次不同课题内容的教学实践活动去检验问题是否得到解决。针对每一个具体课题的教学实践过程，需要团队每一位教师都将集体的教学设计拿到自己的班级进行实践研究，如此才会有感而发，为后续的问题是否解决的课后反思交流奠定坚实基础。根据实践经验，经过"几上几研"的集体教学设计的展示课，最好由团队成员中的骨干教师完成，确保问题解决策略的有效运用，从而通过收集到的证据准确判定该策略是否能够解决问题。

2. 课堂观察

协同教学研究模式强调问题解决过程的科学性，强调要用证据说话，课堂观察是进行教学研究的科学方法。课堂观察量表的有效使用，决定了教学研究证据的获取是否科学规范。根据课前研讨环节确定的任务分工，进行课堂观察的团队成员一定要按照观测要求分布到教室不同位置，切不可按照传统听课方式坐到教室最后一排，这不便于课堂信息的有效捕捉与收集。

3. 随堂检测

针对中学课堂教学实际，每次课上实施过程中都开展前后测会占用很多时间，同时，前后测试题编制的科学性等问题也很难保证，实践经验显示，即便只进行教学后测，也会获得更直观的评判学生学习效果的证据，毕竟这是从学生学的角度收集证据。由于聚焦课堂的中学教师教学研究的随堂检测一般都安排在教学实施之后立刻进行，所以检测题量不宜过大，学生利用课间基本能完成为宜。另外，可以间隔一段时间再进行一次后测，从而更好收集证据评判问题解决策略的有效性。

（三）课后研讨是协同教研的保障

课后研讨是中学理科教师教学研究工作取得成效的重要保障，主要包括执教者反思、观察者提供证据和总结改进等。教学永远是一门遗憾的艺术，需要不断地反思与改进。协同教研是借助教师群体的力量收集证据，用证据进行课后反思与研讨，从而更好地改进和提升课堂教学质量，实现教师专业化发展。

1. 课后研讨的主要内容

首先，执教者的自我反思。每位教师在教学中一定存在这样或那样的不足，这并不可怕，也是正常的，可怕的是没有反思和改进的意识。聚焦课堂的协同教学研究模式的有效开展，需要鼓励执教者勇于反思自己，通过执教者的反思，研究团队能够更明确教学设计实施的思路、问题解决策略落实的具体方法与环节等。执教者自觉反思自己的教学过程，是发现教学实践问题，总结实践经验的基本途径，也是行动研究的基本方式。

其次，观察者提供证据反馈并适度推论解释。观察者根据任务分工从随堂测试结果、课堂观察数据等角度汇报收集的证据，为执教者及团队成员提供评判策略运用效果、教学是否达标的依据。一般来说，为了提高课后交流的时效性，在正式开始课后研讨之前，需要留出 15 分钟左右的时间，团队教师进行课堂观察结果及前后测结果的汇总分析工作，便于汇报时汇总说明，绝不能观察团队每个人几个观察点情况都依次说一遍。另外，课后汇报不能仅停留于观察数据的总结，要结合课堂观察等获取的数据进行合理的推断和解释，一定要在主持人的引导下开展团队成员间的深入反思与讨论。

最后，总结改进。每一次课后反思的研讨总结一定要给出阶段性研究结论，主要是针对研究主题判定这一次课堂实施的效果、问题解决策略运用情况、存在的问题与不足、可能的原因分析、下一步改进的建议及计划安排等。一定要有针对具体问题的改进设想及下一步计划，不断改进并追求卓越是任何一个职业工作者都应具备的专业精神，是教师实现对学生、对自己和对这个职业承诺的基础。

2. 课后研讨的必备条件

（1）主持人的有效组织与协调

课后研讨的成效取决于主持人的职能发挥，主持人的组织与协调能力至关重要。主持人的德行、才干、价值追求与个人魅力，是研究共同体形成的黏合剂，研究共同体的主持人建议选取团队中教学经验丰富、甘于奉献的优秀教师，优秀教师的一个重要特点就是在同样的环境中能够比一般教师做得更好，他们更少抱怨环境，努力提高个人素质，不断改进教育教学水平，并且能够从自己的工作中获得乐趣和成就感。

（2）专家的适时适度引领

苏联教育家苏霍姆林斯基曾说过：如果你想让教师的劳动能够给教师带来乐趣，使天天上课不至于变成一种单调乏味的义务，那你就应该引导教师走上从事研究这条幸福的道路上来。引导沉浸于日常繁杂教学工作中的教师走上研究的道路，离不开专家适时适度引领。作为专业引领通常指的是具有教育研究专长的人员，可以是高校教师、教研员、专家型教师等，通过他们的先进理念、思想方法和成功经验的引导，带动中学教师开展教学研究工作，促进中学教师队伍的专业化发展。对于中学教师而言，针对课堂教学中的困惑凝练研究主题、寻找问题解决策略、形成高质量教学设计、确定观察点、设计课堂观察量表、掌握观察记录的手段与技巧、有效开展课后反思及提炼发表研究成果等都是一些难题，这些难题的攻克离不开专家的专业引领与示范。

聚焦课堂的协同教学研究模式是以中学理科教师为主体，针对自身课堂教学中遇到的实际问题，采用科学规范的研究方法而开展的教学研究活动。教育行动研究倡导者、美国哥伦比亚大学师范学院院长史蒂芬·考瑞认为教育研究不能仅由外在于学校的研究者实施，学校里的教师要以研究者的姿态，对自身实践进行反思、研究和改进。国内学者陈向明认为教师行动研究有多种方式，既有中小学教师自己开展的研究，也有大学和中小学跨界合作开展的研究，两者相比，跨界合作型行动研究具有更大的开放性和包容性，更能拓展中小学教师的学习情境和视野。聚焦课堂的协同教学研究模式是以中学理科教师为主体，在教研员、大学教师的引导参与下开展的一种典型的跨界合作型行动研究。该模式以问题为导向，突出了问题提出到问题解决的过程，几年的实践探索发现，参与研究实践的中学理科教师的研究意识和能力均得到了提升，进而为高素质专业化教师队伍建设、课堂教学质量提高、学生核心素养养成等奠定了基础。

第二节　中学理科教师个体知识发展的案例研究

一、协同教研基本情况说明

本研究将构建的教师个体知识发展协同教研模式应用于实践，自 2016 年秋季至今，笔者参与 S 市六个县区多所学校中学物理学科的协同教研活动，基本情况详见表 4–1。下表中每所学校的每个课题都基本经历了三轮的"课前准备——课中实施——课后研讨"。

表 4-1　中学物理学科协同教研基本信息汇总表

地区编码	人员组成	学科内容	时间
FK 三所学校 （城乡混合）	9 位本校教师、1 位教研员、1 位高校教师	汽化和液化	2016 年 10 月
	13 位本校教师、1 位教研员、1 位高校教师	眼睛和眼镜	2017 年 11 月
	8 位本校教师、1 位教研员、1 位高校教师	动能和势能	2018 年 6 月
		声音的特性	2018 年 9 月
TX 两所学校 （城市中学）	7 位本校教师、1 位教研员、1 位高校教师	升华和凝华	2017 年 10 月
		噪声的危害和控制	2018 年 9 月
	5 位本校教师、1 位教研员、1 位高校教师	浮力专项复习	2018 年 6 月
		眼睛和眼镜	2018 年 11 月
		光学复习一	2018 年 12 月
DD 两所学校 （城市中学）	6 位本校教师、1 位教研员、1 位高校教师、1 位主管教学副校长	凸透镜成像规律	2017 年 11 月
		密度	2017 年 12 月
		浮力	2018 年 4 月
		杠杆	2018 年 5 月
		升华和凝华	2018 年 10 月
		密度	2018 年 12 月
		液体压强	2019 年 4 月
	7 位本校教师、1 位教研员、1 位高校教师、1 位主管工作的校领导	力热公式的综合应用	2018 年 9 月
		阿基米德原理习题课	2021 年 4 月
SJT 一所学校 （城市中学）	5 位本校教师、1 位教研员、1 位高校教师	光的直线传播	2017 年 10 月
		质量	2017 年 12 月
		杠杆	2018 年 6 月
		磁现象 磁场	2018 年 11 月
		电生磁	2018 年 12 月
DT （城乡混合）	3 位本校教师、3 位协作校教师、1 位教研员、1 位高校教师	杠杆	2017 年 5 月

续表

地区编码	人员组成	学科内容	时间
XM 两所学校 （乡镇中学）	1 位本校教师、3 位外校教师、1 位教研员、1 位高校教师	功率	2018 年 5 月
		杠杆	2018 年 6 月
		声音的特性	2018 年 9 月
		透镜的应用	2018 年 11 月
		物体浮沉条件及应用	2019 年 5 月
	2 位本校教师、6 位外校教师、1 位教研员、1 位高校教师	焦耳定律	2019 年 10 月
		光的直线传播	2019 年 11 月
		磁现象 磁场	2020 年 11 月
		电生磁	2020 年 12 月
		压强	2021 年 3 月
		物体浮沉条件及应用	2021 年 4 月

二、协同教研案例描述

本研究以笔者参与的 DD 区 Z 学校物理教师协同教研过程作为案例，将教师个体知识发展共同体一起实践探索过程做一介绍。

（一）背景信息

2016 年 12 月，在 D 区教育局和教育研究中心领导的大力支持下，Z 中学与 S 大学合作开展问题驱动式校本研修活动，组成由 Z 校物理组教师、D 区物理教研员和 S 大学物理学科教育教师构成的协同教研团队，从而搭建起一个将教育教学理论与教学实践相融合的交流平台。随着 Z 校物理教师团队参与研修的时间变化，针对不同阶段教学特点及学生成长需要，团队共研修了三个主题：提升单元复习教学有效性的策略研究、提升专题复习教学有效性的策略研究和提高初中物理概念教学有效性的策略研究。

Z 校物理教师团队有关物理概念教学有效性的研究，要从 2017 年 11 月 20 日的一次教研活动说起，这次教研活动包括两项内容，一是对刚刚结束的期中考试进行试卷分析；二是对即将进行的"凸透镜成像规律"进行集体备课。该物理组教师在集体备课之前，对刚刚完成的期中考试试卷及学生答题情况进行了探讨交流。物理组教师分析学生作答成绩低的原因认为，主要有学生概念性知识掌握不扎实；常识性、简单记忆性内容出错较多；学生审题能力不强；另外，作图题、计算题答题规范性不足等。接着，由主备人 L 老师围绕"凸透镜成像规律"这一课题的教学设计向物理组各位教师进行说明，针对"找像距"这一教学难点，团队达成一致意见，即通过限定条件将凸透镜成像规律分三个阶段完成。而随后的课堂展示发现，实验进展并不顺利，团队成员进一步反思研讨一致认为，学生对凸透镜成像规律的基本组成部分——物理概念的理解还不够扎实，比如像距、焦距等概念，实验过程中学生在实验数据读取和记录中出错最多的就是像距。综上，无论从学生的期中试卷作答情况分析，还是实验探究过程来看，物理组教师均发现学生物理概念学习不扎实会深深影响学习效果，Z 校物理团队教师一致将"探寻物理概念教学的有效策略"作为研究主题，希望通过团队的教学实践研究能够切实寻找到一些适合本校学生的、针对性强并有效的物理概念教学策略。由此，基于物理概念教学设计与实施的 Z 校物理教师教学研究能力提升的探索之路正式开启。

物理概念是物理学科知识体系的重要组成部分，是形成物理学大厦的基石，是学生学习物理的基础，而初中物理概念教学是中学物理教学的重要组成部分，如何引导初中生在已有认知的基础上建构物理概念，是中学物理概念教学的核心问题之一。物理概念是客观事物的物理共同属性和本质特征在人们头脑中的反映，是物理事物的抽象。学生形成正确的物理概念的过程中，学到的不仅是物理知识，还能发展学生分析问题和解决问题的能力，激发他们的科学探索精神，进而实现物理学科核心素养的提高。在初中物理教学中，物理概念出现次数非常多，例如，速度、密度、压强、焦点、比热容、电功率等；中考的测试中，概念性考题也经常出现，而初中生对于物理概念把握并不深刻，只是停留在知道，并未深入理解。因为这个原因概念性习题成为中考中的易错点、丢分点。团队教师也觉得如何培养初中生真正理解物理概念是教学中的难点。在进行物理概念的教学设计和实施时，教师应关注影响初中生物理概念学习的因素分析和有针对性的教学策略选择。

从 2017 年 11 月涉足物理概念教学研究后，Z 校物理教师团队针对物理概念教学开展了多次研修展示活动，涉及的初中物理概念课题有"密度"（2017年秋季学期）、"浮力"（2018 年春季学期）、"杠杆"（2018 年春季学期）、"升华和凝华"（2018 年秋季学期）、"密度"（2018 年秋季学期）、"液体压强"（2019年春季学期）。"密度"是物理团队教师开始进入概念教学研究的第一个课例，2018 年 12 月 12 日，教学进度正好又赶到"密度"，团队再一次进行了课例打磨，本案例以"密度"概念研修历程为载体，尝试将 Z 校物理教师团队的教学研究过程做一介绍，将实践中寻找到的物理概念教学策略做一展示；进一步反思物理教学设计、实施与评价过程中存在的问题；同时，探寻物理教师个体知识提升的实践路径与关键环节。

Z 校协同教研团队这一称谓特指该校八年级的四位物理教师、九年级的四位物理教师、一位 D 区物理教研员和一位 S 大学物理教育学科教师，共十人。其中，该校物理组有一位省特级教师，本科生，正高级职称，担任 Z 校物理教师团队教学研究活动主持人，本案例中称其为 L 老师；将 Z 校物理教师团队集体教学设计进行最后一轮课堂教学的是 S 老师，本科毕业，中级职称；负责课堂观察量表设计的主要是 T 老师，某高校物理课程与教学论专业研究生毕业，中级职称。

（二）协同教研实践历程

【初探"密度"概念教学】

本案例有必要继续谈一谈背景信息"探究凸透镜成像规律"实验教学中的课堂情况与问题。团队教师在意识到学生对像距概念掌握不扎实导致实验过程中读数不准的问题后，在 2017 年 11 月 21 日昊老师（因该教师与研究组特级教师同姓，为便于区分标记为"昊老师"）的课堂上进行了改进，将该主题分为两课时设计，第一课时理论介绍焦距、像距和物距等概念，第二课时安排实验探究，在第二课时探究实验开始之前，昊老师为了避免学生物距、像距数据记录不准问题的出现，找班级学生示范了光具座上如何读取物距与像距，但课堂效果仍是状况不断。团队课间分析原因，可能是由于示范回答问题的同学声音过小，其他同学没有注意听。因此，第二位上课的 T 老师进一步改进，将由学生示范"物距"读数改为教师示范后，全班一起回答。T 老师的教学设计改进后，课堂教学效果有所提升，由原来 L 老师和吴老师班上"零星"的实验数据变为 T 老师班上多数小组都汇总出实验数据，但数据分析发现只有四组有效数据，全班分成那么多小组，有效数据近一半，这一现象值得团队教师进一步深思。剖析发现，物理概念教学需要实验，但如何有效开展实验，引导学生更好地从实验中获取真知，是值得我们深入探索和解决的重要问题，如何针对不同概念，选取有效的教学策略势在必行。

1. 集体备课

基于前期研讨认识，在进行物理概念的教学设计和实施时，教师应关注影响学生物理概念学习的因素。Z 校协同教研团队成员通过理论学习，查阅相关文献，结合个人教学经验，总结出影响本校学生物理概念学习的主要障碍有感性认识不足、前概念干扰和知识内容负迁移。Z 校协同教研团队明确在初中物理概念教学实践中重点关注学生情况的分析和有针对性的教学策略选择与运用等，使物理概念教学过程尽可能符合本校学生的认知规律，为物理课的入门教育打好基础。

结合以往教学经验，团队教师感觉物理概念已经讲得很清楚了，但是学生做题就出错，可见学生心里对概念理解还是不透彻，吴老师认为若能在概念介绍的同时，让学生看见实物，教学效果会更好，更容易记住；但 S 老师认为有些概念是看不见摸不到的，没办法提供实物，比如光速、密度等概念。L 老师认为概念建立的过程需要放慢速度、降低坡度，给学生搭好桥，只有对物理概念真正理解了，才能应用自如（例如实验中测量读数，用于推导规律等）。

对于即将进行的密度概念教学，W 老师认为密度的定义、公式教学很重要，在引导学生正确理解密度公式时，应注意条件和每个物理量表示的含义，重视举例"水密度"的物理意义。T 老师认为重点是要纠正学生头脑中错误的前概念，找一些他们生活中常见的容易产生错误的点，比如说"一百斤棉花和一百斤铁哪个更重？"从比较质量再引导比较体积上，T老师认为应多列举一些这样的例子会好些，能够突破学生的前概念。S老师表示认同T老师的观点，并补充说明密度与质量无关，与温度有关；质量、体积感觉学生好理解，但是有学生会出现1kg=1L的情况。基于课前协同教研团队的集体研讨，最后明确密度一节教师应具备的个体知识侧重为学科教学知识情况，包括课程知识、学生知识和教学策略知识等。

密度一节的课程知识：密度一节选自人教版初中物理八年级下册第六章第二节，本节内容揭示了物质质量与体积之间的关系，与初中物理其他内容有着广泛的联系，比如在八年级下册浮力的部分，浮力大小与液体密度有关；在九年级电阻一节中，电阻的大小与材料（密度）有关……学生经历物质质量与体积之间关系的探索过程，有助于培养同学们的思维能力，掌握科学探究要素，提升科学素养。通过对生活实例的分析，帮助同学们解释自然现象、解决生活中的实际问题。

密度一节的学生知识：学生在学习密度一节可能遇到的困难主要有，一是概念容易混淆，比如同种物质还是同种物体，谁与谁之间成正比。二是初二学生经历有数据处理的分组实验较少，分析和处理实验数据能力较弱，在利用数据描点、连线有困难。三是利用比值定义法定义密度较为抽象，尽管学生用比值定义法定义过速度，但理解同种物质质量与体积之比是一个定值仍然困难。

密度一节的教学策略知识：教师如何解决学生遇到的困难，突破本节难点？

一是针对概念易混淆的问题，教师不必采取强调的方法，比如教师一直说同学们要注意，密度是指同种物质质量与体积之比，而不是物体，这样很难帮助同学们明确概念。教师可以换一种方式，比如教师问同学们，我将密度定义中的物质替换为物体可行吗？请同学们说说理由，这样做能促进同学们思考。二是在同学们进行描点的过程中，教师应走到学生之中，观察学生描点连线的错误并及时纠正，在同学们完成之后，用多媒体把同学们连得几种图像展示出来，师生共同分析图像不同的原因是什么，还有特殊点是否需要连接。三是针对比值定义法有些抽象的问题，教师可以利用学生的最近发展区，通过类比和知识的迁移，让学生回顾利用比值定义速度的方法来建立密度的概念。

图 4.2　课前准备与课堂展示照片

2. 课堂实施

依照团队集体备课意见，以及 L 老师个人多年教学经验，L 老师于 2017 年 12 月 6 日，进行了密度课题的课堂教学展示。课上，L 老师为了学生更好的学习密度概念，运用了多种教学策略与手段，主要包括：从生活中的物质鉴别引入密度概念，激发学生学习兴趣；利用实验创设情境，引导学生进行概念的建立与理解；事先做好数据记录表格的大白纸，粘贴到黑板上，节省课堂教学时间；采用小组合作学习，提升概念教学效果；借助思维导图，呈现密度板书，便于学生总结记忆。物理团队其他教师初次尝试了用课堂观察量表等工具进行证据收集的活动过程。

3. 课后研讨

（1）执教者反思

执教者 L 老师结合课堂教学进行了自我反思，考虑昊老师和 T 老师上课时实验组数太多导致实验耗时过长，数据太多不易归纳等问题，在本次课上展示采用小组间任务分工的方式进行实验。同时，为了更好地节约一些时间进行其他内容的教学，L 老师事先用大白纸设计好数据记录表格粘贴到黑板上，在小组实验后，数据展示时请小组同学将所在组测量数据直接填写到黑板上的表格里，但 L 老师在进行数据汇总，推导密度公式时，发现数据种类缺了一项，反思觉得是教师主导作用未发挥好，没有及时了解各组任务分工及进展情况。

（2）观察者汇报

参与课堂观察的团队成员分别表达了各自在课堂上看到的情况。T老师发现托盘天平的使用规范性存在问题。昊老师所在组的定性观察发现一个问题，学生在物块体积测量中存在问题，边长的测量不准确，可见刻度尺的使用技能掌握不扎实。

J老师统计了师生之间的交流情况，13人单独回答问题，10次左右的齐问齐答，小组参与人数较多，课堂时间分配挺好，学生起立回答问题时间10分钟以上，体现了学生主体地位。J老师发现所在观察组的学生参与实验操作人数挺多，但倾听、交流能力不足，导致小组合作学习只有分工，没有合作，比如数据处理部分很重要，但合作氛围没有。

W老师感觉课堂环节与时间分配较好，所在观察组小组分工有问题，实验器材故障影响实验进展（游码移动不了），数学语言和物理语言的转换指导不足。C老师所在观察组是六位女同学，发现该组学生主动表现不积极，做实验过程很活跃，但发言不积极，声音还特别小，今天L老师叫起来回答问题的女生一直没动手做实验，她在组里无任务分工，"实验操作不当"和"实验测量数据追求差不多就行"等现象明显。

总之，通过团队这一节密度教学展示，发觉学生分组实验和思维导图的使用对于学生建立密度概念是有效的策略选择。但观察团队所看到的各种状况也提示我们实验教学设计过程中存在的一些问题，后续需要加强课前实验器材的准备，做到确保教室里学生使用的实验器材都是好用的；小组的任务分工应更明确具体；课堂观察工具设计的科学性等是团队教师下一阶段要重点改进的。同时，由于没有及时的课堂检测，缺少证据性的材料佐证所选策略是否促进了学生物理概念的学习。通过本轮的教学设计与实施、课后研讨与反思，可以发现，团队教师认识到了感性认识不足、前概念干扰、知识内容负迁移等因素是影响该校学生物理概念学习的主要障碍，这一认识具有重要的现实意义，为我们后续物理概念教学策略选择的更有针对性奠定了坚实基础。

【再探"密度"概念教学】

随着时间推移，各地区研修团队陆续开展汇报展示活动，Z校协同教研团队的时间安排在2018年12月12日，根据教学进度，团队再一次与"密度"课题相逢。在参与校本研修活动近两年的历练后，这一次与去年同期相比，"密度"概念教学研究有了新突破，团队对于物理概念教学的策略选择与运用有了新的领悟。团队教师的课堂观察能力也有了新提升。

1. 前期准备

2018年12月7日，Z校协同教研团队进行了"一上一研"。在这次上课和研讨中，围绕学习目标设计了教学流程，根据确定的教学重点和难点，制定了用实验的策略、多种处理实验数据的方法，使学生真正体会物体质量与体积比值可以描述物质的一个属性，建构密度概念。团队教师针对教学重点和难点选取了课堂观察点并研制了观察量表。

团队成员K老师上课展示，其他成员课堂观察。研讨时发现几个问题，并进行了改进：一是，用水作为一种物质，不方便操作，而且涉及胶头滴管、量筒的使用等增加负担，因此改进用不同的铝块、圆柱体铝、木块等；二是，学生汇报数据直接到四个墙壁的黑板写数据、画图象，浪费时间，改为学生小组得到数据后，直接在学案上处理数据，利用展台投影，高效方便。S大学老师给出一些建议，对于密度概念的引入和建立都是很重要的，设计的活动要考虑学情，学生能动手操作教师不要替代，能看到实物的不要用图片展示，这样更有助于学生感性认识的丰富；量表设计时需要考虑的是如何观察实施团队设计的教学策略的有效性。带着问题和思考，团队再一次改进活动设计，并在学校领导大力支持下，购买了"假石头"以及方便测量的大、中、小物块套装等实验器材。

12月10日进行了第二次上课，由团队成员T老师执教。在研讨中再次改进教学设计，并修改细化了课堂观察量表的具体指标，打磨课堂检测习题。首先，引课时，不仅引导学生看视频，还用假石头开展课堂小游戏，通过课堂上学生的真实感受，方便引出要研究的材料问题。其次，实验中所用物块也利用网购的大小不同的同种及不同种物块，替代原先自己利用实验室中的物块粘贴成大物块。然后，对课堂检测题的习题难度和数量进行调整。最后，对图片中的量表进行了调整，原因是完全要观察者文字书写记录观察信息，文字量太大、课堂时间有限，不方便观察者及时、有效记录信息。

2. 课堂展示

2018 年 12 月 12 日，Z 校协同教研团队迎来外市、区及本区的骨干教师参加的校本研修展示活动。这次验收展示活动由 L 老师主持，S 代表团队执教密度一课，T 和 J 老师负责量表设计与完善，其他团队成员根据分工负责各小组的课堂观察量表记录和检测题统计等。针对研修主题，本次采用的教学方法与手段是利用多媒体播放视频、小游戏引入课题（创设情境，激发学生认知冲突策略）和实验建立密度概念（利用学生分组实验法丰富学生感性认识策略）；图示策略（借助思维导图进行密度板书呈现，促进学生建立概念间的联系）小组合作学习策略。

图 4.3　课堂教学及观察量表截图

问题解决策略的运用主要体现在以下课堂教学片段：

（1）新课引入阶段

学生收看简短电影片段，滚落的石头砸到人身上……；学生感受；再让一男生一女生分别搬动大小相当的石头。参与活动的同学谈感受，其他同学看表情，以此辨别真假石头，引导学生思考这个假石头是什么材料做的呢？同样大小的两石头为什么质量不等？质量与体积有什么关系呢？通过视频和学生搬石头的体验活动，成功创设情境，激发学生认知冲突和学习兴趣，顺利将学生引入密度概念学习中来。

（2）概念建立阶段

在成功引入探究问题"质量与体积之间关系"后，全班同学分小组开始学生实验，大约用时 11 分钟（上午 9：08—9：19）。全班分成六组，每小组 6—7人，研究同种物质质量与体积的关系实验。分给两台天平，三个大小不同的实物，需要测量质量和体积。由组长分工，两个人一小组同时进行，分别完成三个质量和三个体积的测量。从上午 9：19 开始，组内数据共享，在组内交流数据时利用不同方法寻找质量和体积的规律，讨论坐标（0，0）的意义，大约持续 10 分钟。小组展示，教师总结。学生实验与小组合作学习策略相结合，大大节省了课堂教学时间，为后续密度概念的建立提供了数据支持。上午 9：35—9：39，学生进行了第二次学生实验探究，探究不同物质，质量与体积的关系，选择了很多生活中的物品，如地瓜等，体现了从生活走向物理、从物理走向社会的课程理念，从而结合学生生活经验、丰富学生感性认识，让学生感觉到密度概念距离我们生活并不遥远。

（3）小组合作学习活动

本次课堂展示的小组合作学习策略主要用于两次学生实验测量数据之后，组内的数据共享及讨论、组间展示交流。团队成员分别进入各个小组进行课堂观察和记录，综合校本研修实践活动中对小组合作表的实践，在本次展示活动中对小组合作量表进行了三点改进：

一是赋分方式的转变。从等级赋分转向对不同层次学生的专项评价。本次评价过程中我们将每一小组内成员按照学习能力分为三个层次，在小组活动和小组参与中分三个层面观察小组合作情况。

二是量表考察点的细化。本次采用的小组合作量表一共设计小组合作的三个维度、九个方面。其中第 2、4 个方面属于实验过程中的小组合作维度；第 1、5、6、8 个方面属于数据分析与论证的小组合作维度；第 3、7、9 个方面属于互动交流的小组合作维度。量表具体内容详见附录 5。

三是生生互动指向表的尝试。在小组合作量表中加入生生互动指向表，用于分析小组成员在合作中的行为特征。

3. 课后研讨

图 4.4　课后研讨照片

整个课后研讨过程由团队主持人 L 老师组织。

（1）课后检测题答题情况说明

由于课后检测题一定意义上可以反映教学达标情况，所以课后研讨开始时就先进行了检测题答题情况的汇总，由团队成员 K 老师负责汇总说明。有关课后检测题的具体内容详见附录6。

K 老师：课堂检测共设计了 4 道题，满分 9 分。其中获得满分 9 分的同学19 人，占 44%。8 分 18 人占 41%，这一分基本都扣在了第二题上。第二题正确率在 53%，易错选项 C，"密度是由质量和体积决定的"。因为我们这节课的实验主要就是用质量和体积之比来理解密度的概念，而因为时间有限，教师在引出概念之后并没有进一步地去讲解密度和质量体积的关系。实际上密度是物质的一种属性，并不由质量和体积决定。所以我们可以之后探讨一下如何解决这一问题。

得 7 分的同学 7 人，这几名同学也在第四题上出现了错误。其中（2）比较 1、2 两组数据，A、B 两种物质是不是同一种物质。这些同学在第一个填空"2.7"填对的情况下，仍然在（2）填的"不是"。说明学生对"同种物质质量与体积的比值相同"这个知识点不能理解，也对用密度的概念去鉴别物质没有掌握。所以教师应该在语言上有所引导，让学生对密度概念理解清楚。还有 1 名同学得了 6 分，主要是没答完题，因此学生的答题速度也要引起重视。其他两道题的得分率 100%，说明学生对实验的操作，图像的理解掌握情况很好。

（2）执教者反思

代表研修团队将本次教学设计进行课堂展示的 S 老师进行了教学反思。

①总的教学思路说明

通过情景创设导入新课的学习，然后由学生进行科学探究活动，自主的进行情景创设，师生共同运用比较法，分析实验数据，通过精心设计的启发性问题，从学生已有的知识结构出发，启发学生的思维。通过探索，使学生认识到密度是物质的一种特性。密度定义、公式、单位的得出，采用了充分调动学生思考的方法，使学生始终处于一种积极地思考探索活动中完成学习任务。

②教学重难点处理情况

本节课重难点是学会应用比值法揭示物质的性质，建立密度的概念；理解密度的概念；知道密度是物质自身的一种性质；因此探究物体的质量与体积的关系是本节课的关键。为了培养学生的探究实验能力和与他人合作的能力，我将学生分成 6 个小组，而每个实验小组只测出一种物质的体积、质量及比值，要求每个小组通过探究就课本提出的问题发表自己的见解和结论。

学生在探究过程中发现，有的实验小组只测出了一种物质的质量、体积及其比值，别的物质的质量、体积与比值必须与其它小组进行交流才能获得，测量结束后，课堂中的交流活动比较活跃，同时，不同的见解和观点在交流过程中得到改进和提高。实验结束后，学生得出了以下结论并进行了交流：

a. 不同物质，其质量与体积的比值是不同的。

b. 相同物质，其质量与体积的比在实验中获得的数据是相近的。

但是，由于测量中存在误差，所以其比值应该是相同的；否则就不能说明是相同物质这一前提。（由比值相近通过科学思维加工而得到比值是相同的，这是培养锻炼学生思维能力的极好素材）质量与体积的比值就表示了这方面的物质的特性，即密度。在建立密度概念的过程中，还注意了比较的方法，比值定义物理量的方法等物理学研究的方法。与速度概念对比，加深对密度概念的理解。通过对比密度与速度概念的异同点，既可加深学生对密度概念的理解，又能使学生体会到比值定义的方法，知道它们在定义、公式、单位等方面的相似之处，为以后学习其它比值定义法定义物理量打下坚实基础。

密度单位教学，对于 g/cm³ 与 kg/m³ 单位的换算过程没有作强调，否则难点集中，不利于学生的理解接受。本节课的关键是要让学生能区别二者的大小关系。

③不足之处反思

首先，认为整体教学过程实现了预设效果。学生实验过程中时间把握稍微节奏慢了些，没有将密度的性质介绍全面，故课堂检测时间不够，导致一小部分同学没完成题目，以至于课后检测习题的第2题正确率偏低，影响了课堂检测题的准答率。其次，导学案的坐标图像，由于每一小组所测数据大小不同，以至于学生图像处理不方便。最后，在本节习题课中，还需要补充体积单位换算，让学生熟练 m³、dm³、cm³ 的换算关系，还要明确 L、mL 的换算关系。

（3）观察者反馈课堂观察情况

团队负责课堂观察的成员，根据各自的任务分工，将各个小组课堂观察的数据进行了汇总说明。

【P老师：课堂导入有效性评价】

本节课课堂导入时长约为 2 分 30 秒，授课教师以视频播放电影场景中的落石画面，引出学生对场景真实度的质疑，之后进行学生活动，让男、女同学分别拿起两块"石头"，其他同学通过观察台上两名同学的表情，判断哪一个同学拿的是真正的石头，进而引出本课所讲课题"密度"。

从教师维度进行评价，首先，教师以视频与活动的方式创设情境，活泼生动；之后，清晰的进行问题描述；学生由实验情境能引发思考，但不会明确为哪一方面，比较好的引起认知冲突。从学生维度，我所观察第一小组的 6 名学生都能认真观看视频和活动；其中，站在台上的男生也是第一小组的成员，学生参与情况挺好；同时，由于学生彼此之间的情感因素，当看到同学站在讲台上时，其他同学的热情明显高涨，会露出善意的微笑，成功激发学生的学习兴趣。总体评价，课堂导入以活泼生动的方式进行，能很好地吸引学生的注意，激发学生的学习兴趣。

【J老师：小组实验策略实施情况】

汇总团队成员各个小组的实验观察量表得分情况，六个小组评分最高 37 分，最低 29 分，总计 202 分，平均 33.7 分。根据评分标准，达到优秀，说明小组实验适合本节教学，建议今后在教学过程中继续使用该策略。

本次课堂展示的评分总体分为两大部分：第一部分是学生主体地位方面的观察，有六个观察点；第二部分为教师主导作用的发挥。其中，学生主体地位体现有六个观察点，汇总说明如下：

①学生实验目标明确，能马上行动参与实验

该项得分为满分，说明实验前学生准备充分，每个学生知道实验内容。

②会正确使用实验器材或在其他同学帮助下使用实验器材

该项几乎满分，根据小组观察员反馈，个别学生在使用天平时有错误，但是可以在其他同学提示下改正，并正确测量。用刻度尺测体积时，除估读有差异外，没有疑义。

③能正确记录数据

有3组可以做到全员记录，有3组4—5人记录，说明组长在实验过程中监督不到位，也说明个别学生缺乏记录数据的意识，对物理实验的流程不清晰。

④能正确处理数据，作出 m-v 图像

该项考量学生数据处理能力，仅有一组学生没有全员参与，其他各小组均正确画出图像。说明利用学生对用图像表示实验结论是接受的。但是，根据观察员反馈，部分学生没有使用描点法作图，虽然画出图像，但过程不规范。这一点在今后的教学中要强化和注意。

⑤能在汇报前参与小组讨论，得出结论

该项有3组全员参与，第一、三、五小组有4—5名同学参与，说明这几个小组部分学生在参与讨论上热情不足，或者在知识理解上没有跟上其他同学的步伐，还需要考虑有哪些学生是不愿发言，内向。这个要组长进一步汇报，还要积极调动学生。

⑥能认真聆听其他小组成员发言

在讨论阶段，有2组学生出现走神，不听的现象。这些学生在今后教学中需要多关注。

总体上来看，学生实验比较成功，学生乐于使用天平解决问题，会用天平。达到教学目的。

教师观察点有四个，其中前三项是考察教师能否在实验中体现主导作用，引领学生实验的节奏和进度，后一个考量教师前期教学效果，即学生自主实验的能力，如果实验过程中仍需要教师时刻指导，则评分较低。

由于实验时间紧，所以教师在实验中主导性发挥不足，教师与学生交流局限在教师询问上，没有更多倾听学生的实验叙述，所以失分较多。对学生的鼓励和点评较少。整体教学任务安排还是有点多，所以导致教师没有时间展示自己作用，学生也失去了更多的展示机会，这在接下来的教学设计中还要注意。

围绕学生分组实验的观察结果，团队成员交流探讨后，结合课堂教学展示效果，对团队的教学设计及概念教学策略进行了反思总结。一是，实验以测量物体质量、分析质量和体积关系为主，合理有效，今后教学可以继续使用学生分组实验的方法。二是，个别小组组长对组员的组织能力需要加强和锻炼。根据教师建议，不一定以成绩来决定组长，还要看课堂活跃度。三是，教师要注重对学生的点评，这样更有助于激发学生学习兴趣，后续教学设计中要团队要注重评价环节的设计。观测结论就是本实验设计合理有效。

【T老师：小组合作情况】

首先，通过小组合作情况发现学生的进步包括：组长的引领作用明显增强，在小组内一定程度上体现出领导力，能够整合小组资源，调动小组成员积极性；小组成员的合作、互动意识明显增强，组间交流增多，组内成员交流效率提升明显。互动方式多样性，观察小组体现出有讨论、辩论等形式。互动内容指向性强，能够针对所要解决的问题统一讨论。在数据分析论证阶段，学生能够自发进行深入分析和讨论，起到了加深概念理解的作用。组间合作突出，能够打破小组限制进行组间交流互动。

其次，通过小组合作情况发现学生的问题有：部分小组内交流较为广泛，但深度不够，深层次追问比较少。从生生互动指向表发现：互动体现出较强的地域性，相近成员互动频次多，反之较少。学生在表述问题时，问题总结缺乏物理语言。进一步总结形成结论少。

最后，发现量表设计仍有不足。一是，生生互动指向表实践性稍弱，"指向"与"时间"记录比较凌乱。二是，小组合作量表应根据教学关键点分开设计和观察。三是，小组成员座位的排序方面可以进行新尝试。

【C老师：学优生、良好生、待优生的观察情况】

学生分为二组进行实验，大大提高了学生实验动手的兴趣，整个实验过程中七名学生都很积极进行操作，学习积极性很高。在整个过程中，2号组长很好地起到了组织调动作用，能不断的提示全组做相应的操作，能够把控全局的学习，是一个不错的组长。6 号学优生在整个过程中略显沉静，发言相对较少，只是在必要时才进行发言，还需要不断锻炼。4 号和 6 号良好生在整个过程中都很少活跃，表现出强烈的求知欲，动手操作也很积极，数据处理得也很好，能够主动提出进行数据对比与分析。7 号待优生在 4 号和 6 号的带领下也很积极，能热情参与到活动当中，主动动手操作实验，实验过程中也能主动记录数据，并在帮助下正确的处理数据。在整个过程中，全部 7 名学生都表现得很好，基本没有出现开小差的情况，听老师和其他学生讲解也很用心，很好地完成了本节课的全部学习，可以说是达到了我们分组学习的预期目标。

　　主持人 L 老师结合课堂检测题、授课者反思、课堂观察数据等反馈情况，组织团队成员围绕小组合作效果、实验配合情况、组长协调组织作用的发挥等进行反思与交流，大家针对存在的问题与不足，提出自己的看法和改进建议。最后，明确下一步教学研究的重点：进一步细化小组合作量表，把观察组长的作用作为一个维度；由于制作的量表太多，观察者忙不过来，需要继续探讨删除个别观察量表；从学生的答题出错点看到教师在课堂教学中语言强化的作用发挥仍要加强。

【求索之路仍在继续】

1. 物理教师协同教研模式的初步探索

　　通过本案例的实践探索，Z 校物理团队教师的教学研究能力得到提升。团队教师都将吸收内化的思想放在每一节常规课堂中，认真钻研教材和《课程标准》，精心写好教学设计，巧妙设计导课过程，根据学情设计教学。而且由于不断打磨每节课的课堂检测题，对于习题的设计能力也得到提升。Z 校物理组已经将学案汇编成册，包括课堂检测，课后习题等内容。当然仍存在不足，在使用过程中仍需不断修改。

　　基于 Z 校和其他校本研修团队几年的实践探索，初步构建聚焦课堂的中学物理教师教学研究模式。该模式是以初、高中物理教师为主体，针对课堂教学中遇到的具体问题，采用科学规范的研究方法而开展的教学研究活动。聚焦课堂的中学物理教师教学研究模式以问题为导向，突出了问题提出到问题解决的过程，有利于提升物理教师的研究意识和能力，是一种典型的行动研究。该模式主要包括课前研讨、课上实施和课后反思三个阶段，为了物理教师教学实践问题的有效解决，这三个阶段可能会循环往复进行。其中，课前研讨并非只有备课，课上实施并非只有讲课，课后反思也绝非只有评课而已。具体每一部分的关键点及存在的问题需要关注物理教育、教师教育的人们继续深入探讨。

2. 物理概念学习的影响因素分析和解决策略探寻

（1）影响因素

Z校物理教师团队通过参与校本研修活动，基于问题驱动，深入思考物理概念教学效果不理想的原因，总结出影响该校学生物理概念学习的原因主要有以下三方面。

①感性认识不足

感性认识是认识的初级阶段，感性认识一般不能全面地认识事物的本质，因而形成的概念很可能是错误的或不确切的。对于一些距离学生生活比较远的物理概念更是如此，如电场、密度、液体压强、光的干涉和衍射等。

②前概念干扰

奥苏贝尔曾在其最有影响的著作《教育心理学：一种认知观》的扉页上写下这样一句名言："影响学习的最重要的因素，就是学习者已经知道了什么，要探明这一点并应据此进行教学。"在学习物理之前，学习者的头脑中已经存在着一定的原有认识和该认识赖以形成的思维方式，会阻碍学习者对物理概念的学习，一般被称为前概念或称迷思概念。例如，有的学生可能仅凭推车车动、停止推车则止的直觉就认为力是维持物体运动的原因；由于生活中常常看到石头下落比树叶快等现象积累认为越重的物体下落一定越快。

③知识内容负迁移

在中学教学中，考虑到初学者的接受程度和形成概念的阶段性，对物理概念的表述往往不是十分严格的。但是，学生有可能把这些物理概念绝对化，从而导致概念性错误。例如，误认为摩擦力总是阻碍物体运动的，当说摩擦力可以成为动力时，往往难以接受。语文学科中不少近义词在许多场合可以通用，但在物理学习中如果照搬就有可能出错，例如：学生常将垂直与竖直、量值变化的大小与变化的快慢、电源消耗功率与损失功率等混为一谈，使物理概念变得模糊起来。

（2）解决策略

①丰富感性认识策略

物理概念的抽象性导致学生感性认识不足，针对这一概念学习困难的原因，团队构建了丰富学生感性认识的问题解决策略，在具体的教学过程中采用多种方式方法和教学手段丰富学生的感性认识，比如借助于多媒体视频播放、演示实验、学生实验、生活用具、课堂小游戏等。

初中物理内容基本都源于生活，每一个初中物理知识点都能在生活中找到应用。这种具有很强应用性的课程对于学生而言具有很强的趣味性。有了兴趣才能调动学习的主观能动性，因此精心设计教学实验不仅能调动学生学习的积极性和热情，启迪学生的思维。表现在课堂上就是学生能积极主动参与实验，回答问题，从而使得学生的学习品质以及学习成绩都得到了大幅度提高。Z校物理研修团队反馈信息说，2017年的中考物理成绩在区内排名照比一模、二模进步了很多，2018年的中考比2017年的中考物理成绩在市内的排名进步了五个名次。

②激发学生认知冲突策略

基于学生物理概念学习难的原因之一就是前概念干扰，团队在具体物理概念教学中都力求运用多种方式方法，联系学生生活经验等，创设问题情境，激发学生的认知冲突，从而有效突破学生前概念的干扰，提升物理概念教学的有效性。

③小组合作学习策略

Z校物理教师团队从开始介入教学研究活动开始，就一直坚持采用小组合作学习策略。该策略充分调动全体学生参与到课堂中，学生学会了交流、分工与合作。通过小组合作学习深化他们对知识的理解，帮助他们养成合作学习、探究学习的良好习惯，还能促使学生交流与表达能力、团队合作意识与能力的提升。

④图示策略

团队在单元复习主题研究中更加清晰思维导图、概念图等知识可视化表征工具的优势与功能后，在物理概念教学中，也会充分发挥图示策略的优势，主要用于课堂板书的呈现与教学内容的梳理等。团队教师在每堂课都利用思维导图的形式进行板书设计，方便学生建立概念之间的联系。在教师引导下，学生也能利用思维导图进行章节总结复习，将所学知识有机联系起来。

三、协同教研效果评估

从笔者所参与的多个协同教研团队开展教研活动的周期、过程及质量来看，城市学校协同教研开展情况好于乡镇，过于薄弱的学校不适合选作协同教研基地校，协同教研基地学校的参与教师人数占比多些有助于团队稳定，协同教研团队中其他学校教师的能力水平影响协同教研共同体的任务分工，有学校主管领导支持的学校协同教研工作开展更有效，教研员的凝聚力至关重要，协同教研基地校全员参与的协同教研效果更好。

（一）协同教研的进展总结

1.聚焦课堂的协同教研是提升教师个体知识结构与水平的有效路径

课堂教学可以作为促进教师个体知识发展的重要途径，因为课堂教学是具有整体性、情境化的现实载体，可以全方位、真实地呈现中学理科教师的教学实践活动及其背后的个体知识结构与水平。

聚焦课堂的协同教研团队教师可以基于具体的教学内容深入理解课程知识，基于教师经验分享学习者及其学习的知识，基于课堂教学实践活动学习学科教学知识等。这些知识多属于教师从事教学实践活动过程中获得的隐性知识，为了更好地发挥这些隐性知识的功能，可以通过协同教研活动为教师提供机会，从而促使教师的隐性知识显性化，通过群体的分享、研讨，反思自己在知识方面存在的问题，同时认识到哪些知识是有价值的，进而实现中学理科教师个体知识的不断积累和发展。

2.协同教研共同体更加清晰并认同协同教研活动的目的和功能

从物理学科协同教研实践探索过程来看，多数教师能够将协同教研活动与传统教研活动区分开，多数团队能够做到集体备课，轮流上课；能够认识到团队反思研讨环节不同于传统的听评课；对课堂观察有了一定的认识，知道用证据说话，而证据的取得离不开科学的课堂观察量表和团队成员的课堂观察合作。无论是主讲教师，还是课堂观察教师，彼此关系融洽，都知道承担各自的任务，能够为了共同的研究问题而努力，互相真诚交流。在课后研讨中的用语也发生了明显的变化，从开始的"某教师的课上的如何"，到现在多数教师能从自己观察的角度去探讨"我们的课该如何改进"。协同教研活动的开展，有助于教师教学研究意识与能力的提升、有助于课堂教学质量的提高、有助于高素质专业化教师队伍的建设。

3. 协同教研共同体能够结合教学实际凝练研究主题并寻找解决策略

研究主题的确定是开展协同教研活动的起点，从笔者参与的协同教研活动进展来看，多数物理教师能够从个人课堂教学实践中遇到的问题与困惑进行研究主题的凝练；从开始时的应付差事、走过场，到逐渐围绕协同教研主题打磨课堂、寻找问题解决的有效策略；能够随着协同教研活动的深入推进，清晰并选择团队能够解决的研究主题进行协同教研活动。

4. 协同教研共同体的每一位教师都能体悟到协同教研的成就感

ZD 中学的刘老师就坦言"付出就有收获，个人觉得收获特别大，不过真是很累。"刘老师还说经历了三年的协同教研活动后，团队的进步有目共睹，尤其是青年教师的成长特别迅速，从开始的惧怕他人去听课，到后来的争着让专家去听课。SL 中学教师团队应该说是比较薄弱的，但经过协同教研活动后，该团队对学生的小组合作形式，对如何激发学生学习兴趣，如何提升学生物理实验操作能力等有了深刻的理解。经历了系统的教学研究活动之后，中学物理教师对课堂教学的认识、教学设计与实施能力等都得到了很大程度的提高，这种成就感促使教师更愿意参与后续研究活动。当然，成就感也源于他人对协同教研共同体中的每一位教师及时、适切的肯定与表扬。

（二）协同教研存在的问题

1. 课后研讨环节的交流不够充分

通过协同教研活动的多次开展，多数物理教师知道了评判教学效果要用证据说话，学会了使用课堂检测题、课堂观察量表等工具进行教学达标情况及策略落实情况的评判，但大家还是停留于个人说发现的问题，以及可以如何改进，团队成员针对他人所提的建议与意见，所进行的讨论和交流略显不足。

分析原因，可从两方面改进。一是，课后研讨环节开始之前，给予团队汇总观察结果的时间。应该给课堂观察、课堂检测等任务承担教师15分钟左右的时间进行数据汇总及简要分析，以便课后研讨中更好地利用证据开展交流辩论。二是，课后研讨环节主持人的职能发挥至关重要。课后研讨的成效取决于主持人的职能发挥，对主持人的组织与协调能力要求很高，因此要关注主持人的选择标准与条件，建议选取团队中教学经验丰富、甘于奉献的优秀教师。

2. 课堂观察工具设计与使用能力仍需加强

一次次协同教研，促进了团队教师更加科学地设计课堂检测题、课堂观察量表等，但每次用过之后都会发现一些问题，需要进一步完善观察工具。这些问题的解决对教师而言是巨大的困难与挑战。如何基于教师的日常教学工作进行课堂教学评价、如何开发设计有效的课堂观察工具、如何灵活应用所设计的观察工具等问题仍需进一步探讨。

3. 教研成果转化意识与能力仍显薄弱

从笔者参与的协同教研活动来看，团队教师都会有很多体验和感受，也信心满满地想将研究成果整理出来，但最后基本都不了了之。分析发现，中学物理教师教学任务繁重，缺少时间和精力潜心研究是主要影响因素之一，但教师自身的惰性也不容忽视。期望协同教研成果能发挥更大作用，带来更多效益，需进一步思考如何提升物理教师教学研究成果转化的意识与能力。

苏联教育家苏霍姆林斯基曾说过：如果你想让教师的劳动能够给教师带来乐趣，使天天上课不至于变成一种单调乏味的义务，那你就应该引导教师走上从事研究这条幸福的道路上来。引导沉浸于日常繁杂教学工作中的教师走上研究的道路，离不开专家适时适度地引领，也离不开教育政策与相关制度的支持，更离不开教师个人的努力付出。希望每一所学校的教师都能精诚合作，将教学研究工作持续推进，真正提升课堂教学质量，让学科核心素养之花落地生根！

第五章
研究结论与建议

第一节　基本结论

本研究通过对中学理科教师个体知识的理论探讨与概念图评价方法分析，对中学理科教师个体知识的构成、现状与发展等进行了实证研究，得出如下基本结论。

一、中学理科教师个体知识类型分布以经验型、理论型和融合型为主

本研究通过探究教学、课程资源开发与利用等主题情境的实证研究，对中学理科教师脑海中实际存在的个体知识进行了表征与评价，总结出几种"实然"状态的教师个体知识类型划分。依据教师思考视野的广度不同，可以将教师脑海中的知识类型划分为纯学科型和跨学科型；依据教师绘制的概念图结构评价指标来看，中学理科教师脑海中的知识结构类型可以划分为直线型、离散型和网络型等。专家型教师脑海中的知识多以网络型结构储存和表征。准教师、新手及成手教师的知识多以离散型为主，偶有直线型结构。从教师个体知识来源的视角来看，这种"实然"状态的教师知识类型还可以划分为经验取向、理论取向和融合取向三种。本研究通过两个主题内容的实证研究发现，中学理科教师个体知识类型分布以经验型、理论型和融合型为主。

1. 经验取向型

这一类型教师个体知识的来源不是从书本或别人那里直接接受的，而是教师个体结合个人工作、生活经验形成的。他们的个体知识是在教学实践中不断建构的，很难脱离教师以往的经验。经验取向型教师在用概念图表征自己脑海中对课程与教学知识的理解时，经常会结合自己的实际经验，举例或情境化的进行个体知识的组织与呈现。

2. 理论取向型

这一类型中学理科教师的个体知识主要来源于相关的理论学习，包括作为学习者在正式或非正式教育环境中的理论学习、职前参与的课程培训、在职参与的培训、学习交流等。理论取向型教师个体知识依赖于专家学者、书本、网络等。从实证研究中所收集的概念图来看，理论取向型的教师在绘制概念图时，画出来的概念图一般都是教师外在的理论学习结果。

3. 融合取向型

融合取向型教师个体知识融合了经验取向型及理论取向型的特点，这一类型教师在阐述个人脑海中的个体知识时，既能结合个人实际经验，又能将相关理论很好地融合进来进行表述，这一类型以专家型教师为代表。

二、从"机械照搬"到"自主创生"是中学理科教师个体知识发展的普遍规律

从中学理科教师个体知识的纵向发展来看，教师个体知识的发展阶段包括理论学习阶段、经验内化阶段、实践探索阶段和自主创生阶段。各种知识类型都会有不同的发展阶段，表现出一些普遍规律。首先，在理论学习阶段，以理论型知识类型为主，将理论学习的内容拿来就用，机械照搬。其次，在经验内化和实践探索阶段，经验和理论型并重，有一定的工作经验积累，也参与了一些理论学习培训，二者在教师脑海中同时存在，如何调试，以哪方意见为主，要看教师个人的领会与驾驭能力。最后，自主创生阶段，以融合型教师知识类型为主，是将理论学习和个人实践经验很好地融合，自然的整合，发挥系统整体的功能，对个体知识的理解与创生已是一种自然而然的境界。

本研究概念图评价结果显示，准教师和多数新手教师处于理论学习阶段；成手教师处于经验内化阶段，专家型教师更倾向于实践探索阶段，能够结合个人工作实际，灵活调试、应用相关知识。从实证研究的结果来看，中学物理教师个体知识还没有能够达到自主创生阶段。可见，中学物理教师知识状况仍不容乐观，这可能与教育体制、考试评价等诸多因素有关。多数教师并不具备完

备的个体知识，既无法设计全面性的学习方案，也无法有效开发教材，而最常从事的"教学设计"工作就是依据课程专家编制好的教科书进行教学活动设计。被访谈的教师认为，教师最主要的工作就是教学，只要能将现有教材以适合学生的教学方法呈现，就是专业的表现。可见，多数教师处于理论学习阶段，需要时就从网络上或报纸杂志中将现有的理论"机械照搬"。

三、不同发展阶段的中学理科教师个体知识水平存在显著差异

研究发现，不同发展阶段教师的知识结构与水平存在显著差异。本研究依照教师的从业年龄（教龄）和职业特征，将教师群体划分为准教师（师范院校的学生，0 年教龄）、新手教师（1—5 年教龄）、成手教师（6—15 年教龄）和专家型教师（16 年及 16 年以上教龄，在当地名校工作，职称为高级或特级教师）四个阶段。这种划分只是针对教师群体的总体假设，对不同地区、不同学校及不同教师个体而言，会有特殊性，例如，在课程资源开发与利用的实证研究中所选样本包括准教师、专家型教师和成手教师，为了与准教师群体进行比较研究，将专家型教师和成手教师统称为骨干教师。之所以要进行不同阶段的划分，是为了进行比较研究，寻找差异，更好地进行中学理科教师个体知识的评价研究；同时，也进一步检验概念图评价方法不同于其它教师知识评价方法的优势所在。

本研究通过教师对"探究教学、课程资源开发与利用"主题知识的数据分析发现，教师个体知识的发展水平不均衡。主要体现在两个方面：一是不同阶段的教师之间个体知识结构与水平存在差异；二是相同阶段教师群体内部的个体知识发展也呈现出不均衡趋势。例如，从被试提交的物理课程标准内容与框架主题概念图可知，这些教师对义务教育阶段的物理课程标准的理解不清晰、不深入，不重视课程标准的地位与作用发挥。具体表现为，教师们在日常工作和学习中很少翻阅课标，更不会花太多时间和精力去解读课标，教师整体对课程标准的领悟水平不容乐观。同时，根据平均分上线人数的统计也可以看出，这些教师内部对课程标准的理解与领悟水平也存在着很大差异。专家型教师在

概念图中都会提及对课程标准的解读与参考，并在具体的问题分析中也会体现出课标中的一些内容和要求，可见，专家型教师对课程标准的理解要更清晰。不同发展阶段教师个体知识的差异比较主要从以下几个方面展开。

（一）不同发展阶段教师对"探究教学"知识的认识存在差异

通过分析不同发展阶段教师绘制的科学探究主题概念图发现，专家型教师对科学探究本质的理解更深刻，对科学探究要素的理解和把握更灵活，能够更熟练的结合自己的工作经验举例阐述自己对科学探究的理解。相比之下，新手及成手教师却比较多的关注科学探究要素的数量和名称的表述，对科学探究的本质理解不够深刻。其中重要的体现就是在访谈中，还有教师提问"自己在教学中的某某做法是不是一种探究？"甚至一些教师认为之所以不能在教学中开展科学探究教学是因为课堂时间有限，没办法完成那七个步骤的探究过程，这反映出教师对科学探究的认识存在误区，这些教师对科学探究的理解属于定型步骤类，即强调科学探究的固定化过程和步骤。

通过对课堂实录项目的分类、命名和关系概念图构建，可以看出不同发展阶段的教师科学探究实施知识的结构与水平存在显著差异。具体而言，随着教龄的增加，教师对同样的课堂实录项目内容，划分类型的数量递减；专家型教师更重视科学探究实施过程的结构完整性，从情境创设，到新课教学，再到应用巩固、布置作业等环节基本一致，不会被课堂实录中细枝末节的话语分散注意力。

通过对整体分类命名的统计分析，也发现一些可喜的结果。无论教龄长短，多数教师都比较重视探究情境创设在课题引入、新课教学过程中的地位和作用；对探究式教学的基本过程比较熟悉；联系生活实际经验教学，注重应用所学知识解决问题的探究教学。整体被试对课程目标的全面性理解比较薄弱，24幅概念图中对探究过程与方法、情感态度与价值观等目标的挖掘不够，类别数量所占比例非常少，体现两个维度目标的类别命名不明显。

（二）不同发展阶段教师对"课程资源开发与利用"的认识存在差异

通过对教师课程资源开发与利用主题概念图的研究发现，准教师比较关注课程资源的类型划分及举例，受限于所给阅读材料。相比之下，职后教师对课程资源类型的理解，不同类型课程资源在教学中开发与利用的程度等分析会更透彻一些，这与教师丰富的工作经验是密不可分的。而专家型教师不会被阅读材料束缚，在构建概念图过程中，还会阐述课程资源开发与利用的影响因素、地位和作用等内容。可见，专家型教师具备更丰富的课程资源开发与利用的相关知识。

教师对习题资源的开发与利用以"应试目的"为主，缺少对"以学生为本育人理念"理念的渗透与落实。对在职教育硕士"习题资源开发与利用"主题概念图的分析发现，教师在习题选择、组织与教学过程中仍比较关注知识层面的目标达成，注重习题解法、技巧等的训练，认为熟能生巧的教师不在少数。而相比之下，对习题来源、习题选择依据、习题优劣的深入挖掘等关注不够，至于在习题教学中如何激发学生学习兴趣、如何培养学生运用知识解决实际问题的能力、如何进行 STS 教育等更是少有关注。这可能与教师的时间、精力有限，以及中考指挥棒的影响等有关系。

通过对八节优质课视频的观察与分析，发现这些优质课的任课教师都非常关注课程资源的开发与利用，在课题引入和实验探究过程中，自制了很多新颖实用的教具、学具，可见，教师在准备和呈现优质课时具备了一定的课程资源开发与利用的知识与能力。

四、专家型教师个体知识具有明显的情境性和结构性特征

认知心理学对不同专长的研究发现，专家的一个明显特征在于拥有大量特定领域的知识以及知识的高度结构化。[①]本研究借助于概念图工具，对教师个体知识进行了一系列的主题研究。通过不同阶段教师在个体知识不同类型方面的对比发现，专家型教师在课程与教学知识的理解与相关知识的组织方面更具有结构化和情境性等特点，善于根据学生已有知识和能力对所教知识进行多样化的表征。

---

① 李琼．教师专业发展的知识基础 [M]．北京：北京师范大学出版社，2009.185.

专家型教师知识的深度、广度和整合度更优，这可以作为专家型教师的一个重要特征。通过对不同阶段教师科学探究知识的评价研究发现，教师都比较重视通过结合实际教学情境来阐述自己的理解和认识，但专家型教师和其他类型教师在对科学探究本质的认识中表现出显著差异。专家型教师能够在教学情境中理解科学探究的本质，而其他类型的教师只关注科学探究要素的数量与名称的表述，未从科学探究的本质特点去分析问题、表述观点。

专家型教师在知识转换上更加灵活。专家型教师更善于结合教学实践或案例谈论自己对教育教学问题的认识和理解，更善于将自己的直觉、经验和想象等隐性知识进行归纳综合，转化为文字语言可以描述和表达的内容，形成概念图，从而向研究者呈现自己的理解。而对一般教师而言，却是十分困难的隐性知识显性化过程，多数教师会觉得自己的教学实践比较一般，没什么内容可总结，其实质是无法将自己的隐性知识显性化。

专家型教师的个体知识具有明显的情境性和实践化倾向。对于新教师来说，他们的知识更多的是理论性知识，这些教师学习了很多先进的教育、教学的理念与方法，但这些教师在将所学到的理论知识运用于教学实践时却比较困难。专家型教师则不同，这些专家教师在将理论知识运用到教学实践中时往往做得游刃有余。分析原因不难发现，专家型教师的理论知识往往与教学实践有着非常紧密的联系，他们的理论知识多是情境化的，结构性的。所以，专家型教师的个体知识具有明显的情境性和结构性特征。

五、概念图评价法在教师个体知识评价上具有明显优势

我们知道不同发展阶段的教师具有不同的个性特征、个体需求，会呈现出不同的教学能力与水平。概念图作为一种评价工具，能够很好地将教师之间的这种差异性和多元性表征出来，采用概念图评价指标体系进行定性分析与定量处理，在此基础上总结出科学、合理、客观的评价结论，从而推动中学理科教师的专业发展。概括而言，概念图评价工具的优势主要体现在以下几个方面。

一是能够表征教师个人头脑中个体知识的真实情况。概念图能够直观、形

象地呈现教师的认知结构，将教师现有知识的数量、清晰度和组织方式再现出来，是由教师眼下能回想出的事实、概念、命题、理论等构成的。作为一种评价方法，概念图为研究者提供了一个评价命题的有效性和知识结构的复杂性的机会。通过概念图绘制与评价活动，诊断不同阶段教师在发展中的优势与不足，并在此基础上提出针对性的指导意见，有效促进教师的进步与发展，改进教学工作，实现教学活动与评价的有机结合。

二是能够体现出不同发展阶段教师个体知识结构与水平的差异性。本研究借助于概念图的评价功能，对不同发展阶段教师的个体知识进行了实证研究。通过概念图的连接词、节点、层级、分支及交叉连接等评价指标体系的定性与定量分析，很方便地概括出不同发展阶段教师的个体知识结构与水平。借助于概念图的评价功能，本研究测评了教师对课程标准的熟悉程度、教师对课程改革核心理念的理解、教师课程实施方式的内化以及教师对课程资源开发与利用的理解程度、习题资源开发与利用的认识等系列实证研究。研究结果显示，概念图是一种有效的评价工具，能够显示不同阶段教师个体知识结构与水平的特点和差异。

三是能够将定量研究与定性分析完美融合。概念图方法的有效实施，必须与访谈法很好的融合。通过访谈交流，可以更好、更准确地解读构图者的思想观念；可以引导教师更完整的呈现出自己脑海中的认知结构。而在对概念图进行评价时，需要采取定性分析与定量分析相融合的数据处理方式，在综合考量教师概念图的内容和结构效度的基础上，再进行价值判断与总结，这样的评价过程与评价结论会更趋近真实与客观。

四是新结构评分法更适宜进行开放型概念图试题的评分。通过对准教师所绘制的有关"义务教育物理课程标准"主题概念图的统计分析，发现新结构评分法更适宜进行开放型概念图的评分。本研究采用总命题评分法、经典结构评分法和新结构评分法对52份准教师概念图进行评分。通过对评分时间的记录，发现三种不同的评分方法所用时间是不同的。一种评分方法并不是只要信度、效度好，就可以被研究者或教育者使用的。如果它耗费太多时间，经济效益不好，同样不能被称为一种好的评分方法，也不能被广泛使用。总命题法有着很好的信度和效度，但在实用性方面相对比较费时；经典结构评分法的效度略低，但相对最省时。而新结构评分法的效度最高，信度也很好，同时评分用时又介于中间，因此，综合考虑几种评分方法，本研究认为，新结构评分法是一种具有实用价值的概念图评分方法，尤其适用于开放型概念图试题的评分过程，其优势更加明显。

第二节　相关建议

在理论探讨和实证研究的基础上，本研究就优化中学理科教师个体知识及评价方法提出四方面建议。

一、推进聚焦课堂教学的协同教研，针对教师个体知识发展不同阶段与特征实现精准提升

课堂教学能够针对教师个体知识发展不同阶段与特征发挥重要作用。首先，通过对教师课堂教学行为的分析，可以使教师个体知识中起促进作用的隐性知识明确地呈现出来并在概括后转化成显性知识，丰富教师的个体知识，使经验成为持续发展的基础。其次，对于起阻碍作用的显性知识，可以通过理性分析使之呈现其误解所在，并引进新行为促进其改变和理论内化。再次，对起阻碍作用的隐性知识，通过课堂实践行为分析使之"显形"并在修正行为的过程中帮助教师明白行为背后的理论，这是最具挑战性的任务。第四，对于没有明显影响的积极知识（落实不到行为的口号）通过提供行为指导使之落到实处，而对于并不影响教师个体专业实践的消极的显性知识，则可以通过营造良好的专业发展氛围淡化其影响，避免使之成为群体发展的阻力。

协同教研模式欲实现精准的教师个体知识发展，需要在协同教研活动中，对教师个体知识情况进行精准的摸底与诊断，诊断的方法主要通过对不同阶段、不同情境问题的分析与解决过程测评等；在此基础上，开展有针对性的研究指

导是发展教师个体知识水平的重要途径。为了提高协同教研的针对性与适切性，研讨内容及方式的制定应充分考虑中学理科教师的实际情况。

二、构建教师个体知识发展共同体，充分发挥专家型教师的专业优势与引领作用

协同教研的有效开展需要构建教师个体知识发展共同体，共同体中的专家不仅仅只是将教育理念、课程目标等内容传授给中学教师，要使这些课程改革的新理念与新思想对中学理科教师产生影响，真正落实到课堂教学实践中，需要专家提高协同教研质量，聚焦课堂教学质量提升的协同教研模式能够提供鲜活的真实案例，团队教师通过行动研究的情境学习，自然会提升教师学习的兴趣和有效性。真实的案例很好地将课程理论与教学实践进行了融合，有助于教师日常困惑问题的解决；有助于教师提出不同的看法和观点，经历问题分析的过程，形成分析问题和解决问题的能力；有助于教师之间开展积极有效的互动交流。

同时，针对教师个体知识发展的协同教研模式中的理论引领作用也是不容忽视的。理论在提升人的思想境界和精神追求方面的作用是无法替代的。教育理论引领，是指专家为教师深入学习和研究课程与教学理论提供必要的帮助和引导，从而促进中学理科教师更快、更好地形成自己的个人理论知识。这里所说的专家，既包括高等院校或科研院所的课程专家、各级教研室的教研员，也包括中学的学科骨干教师。换言之，理论引领就是力求在较高层面上实现理论和实践的对接，重构理论和实践的关系。往往中学教师对课程理论兴趣不大，专家要深入学习和研究课程理论，逐步形成具有学科特色的课程理论体系，这样结合课堂教学实践过程的分析与指导，经过"二传手"之后抽象的理论就变得贴合实际了，有助于中学理科教师个体知识的进一步发展。

协同教研模式的基本前提条件就是要构建教师个体知识发展共同体，具体可从以下几方面着手进行。

（一）完善学校相关制度，优化学校文化

教师个体知识发展共同体的构建，不仅是教师个人之间的行为，更是组织机制，需要学校组织提高教师个体知识管理意识、完善学校相关制度，为教师提供理想的对话情境，支持教师个体知识共享。学校文化对中学理科教师个体知识水平的提升具有重要作用。优化学校文化，有助于教师共同体对文化的了解、认同和内化。本次基础教育课程改革是一场教育理念的变革，要求教师"为素质而教"，学校里的教师之间应构建一种和谐、融洽的工作氛围，相互观摩、研讨与交流，取长补短、共同发展与进步。多数中学理科教师与教育理论专家的接触机会毕竟有限，因此，在良好的学校文化中促进教师群体之间的协作与交流，是提升中学理科教师个体知识的重要途径。

（二）开展"实践——反思"参与式的协同教研活动

建构主义理论的启示，让我们意识到一点，教师个体知识需要在教学工作情境中主动建构起来。协同教研不同于传统的教研活动，协同教研要选取与教师的工作紧密相连的、来源于教师教学实践中的困惑与问题，由研修团队教师自主选择，教师在参与问题解决的情境中优化自身的知识。笔者认为，建立以校为本的协同教研机制，有利于调动教师的积极性和主动性，从而有效促进中学理科教师个体知识的发展，以及学科课程改革的顺利推进。协同教研是一种日益得到推广的新教研方式，教师不仅听取教研员的意见，要参与进行讨论与实践。在讨论中教师们要大胆发表自己的见解；在实践中教师们要勇敢尝试、探索问题解决的方式与策略，总结经验与教训，继续在协同教研中改进，这是教师提高自身个体知识的良好机会。

（三）选取教师个体知识发展共同体共同关注的研究问题

构建以校为本的教师个体知识发展共同体，引导教师积极参与到共同体中能够帮助教师从参与的各种学习活动中获益最大。同时，共同体对学生的学习和参与也会产生重要影响。对于中学理科教师而言，可以通过多种途径与研修主题的选择来实现专业学习共同体的构建，本研究围绕中学理科教师日常教学中困惑或问题比较集中的三个方面给出建议。

首先，提升教师习题资源开发与利用能力。考试评价制度是课程改革中一直在强调的话题，也是很多教师敷衍课改的一个重要理由。在这种应试教育背景下，题海战术是多数教师会采用的一种教学方法，不能否定题海战术在应试教育下的成效，但对题海战术中的"题"要精益求精，这一过程彰显了教师课程知识的重要价值与功用。同时，教师习题资源开发与利用能力的提升，也一定会推进其自身课程知识的有效发展。习题资源的开发与利用，可以发挥高校、省市级教研员、在职骨干教师、新手教师和准教师的团队力量，组建一支结构合理、优势互补的习题资源开发团队。例如，准教师的时间充裕、精力旺盛；高校教师的学科思想、课程理念等视域更广；省、市级教研员对考试命题趋势、各级学校特点等更加了解；在职骨干教师命题、评题、解题等经验更加丰富；新手教师干劲更足等特点。可以发挥不同群体的特长，优势互补，共同努力，精益求精，对试题进行整理、归类，开发适合学生、减轻学生课业负担的习题资源库。如果团队具备了一定的课程与教学知识，便能在"题"的质与量两个方面都做到精益求精，就不会让学生身心疲惫，反而会在典型的、多样的、灵活的习题训练中，激发出学习的兴趣和热情，得到学科思想和解题方法的指导，以及应用知识分析问题和解决问题能力的提升。这样的一个习题资源开发与利用过程，势必会促进教师个体知识的进一步发展与完善。

其次，发挥优质课的研究与引领作用。本研究通过对探究教学优质课的分析，说明优秀教师具备了一定的个体知识，课堂教学发生了很大改变，但存在的问题也不容忽视。因此，通过改进优质课，发挥优质课的研究与引领作用，进而提升中学教师的个体知识水平是一个不错的选择。为了更好地发挥优质课的研究与引领作用，需要对目前的优质课提出一些改进建议，主要包括优质课的组织、准备与评比等方面。一是优质课活动的组织单位要尽职尽责。体现在优质课的主题选择、标准确定到比赛细则、要求及活动环节安排等方面都应认真组织。二是优质课的主讲教师及团队要精心准备。这就要求教师在阅读课程标准、钻研教材及分析学情的前提下，从课程目标确定、教学流程设计、教具制作、探究及实验活动的安排等多方面、全方位地精雕细琢，进而发挥引领作用，提升全体教师的知识水平。三是重视优质课的评比。优质课的评委需要专家团队的介入，一般而言，专家对课程理论、目标和内容的学习与研究会更深入系统；优质课评比过程中给予参赛者、观摩者和专家团队一个平等、民主的交流平台是确保优质课价值的关键所在。

最后，改进中学理科教师教学设计水平。教师的成长始于课堂，课堂的成功源于设计，教学设计是教师获得专业成长的重要途径。中学理科教师课堂教学设计的内容、流程与意图是教师个体知识结构与水平的重要体现。教学设计对教师个体知识提升的作用是不喻自明的。目前，中学理科教师对教学设计的重视程度还不能令人满意，教学设计的水平也是有待提高。为了更好地发挥教学设计对教师个体知识发展的促进作用，对于教师的教学设计提出一些改进建议。教师在进行教学设计时要遵循一个基本原则：坚持课程目标、教学对象、教学方法与教学效果的统一。这需要教师充分解读课标、钻研教材，将学生作为教学设计的起点，并将学生应该学到什么作为教学结果，注重教学过程的设计，确保教学有效开展并促进学生对知识、方法和态度等方面的主动建构。同时，教师还应通过反思，在课前、课中和课后对教学设计思路、过程和效果等进行反思，不断改进教学设计，进而提升课程知识水平。

三、关注教师能力的"自变量"，促进教师个体知识内生式持续发展

基础教育课程改革实施以来，一直在提倡发展性评价与终结性评价相结合，从评价的形式来看，教育行政部门和相关文件提倡对教师进行全面评价、过程评价、发展评价，但从评价的实际来看，教育行政部门和教学领导对教师的评价往往集中在学生的成绩和升学率上，这在一定程度上影响了教师个体知识与能力的发展。因此，我们要关注教师自身的知识与思维，关注教师能力的"自变量"，这有助于教师个体知识的持续性优化与发展，可以更好地促进教师专业的内生式发展。协同教研模式是团队教师一起围绕大家关注的教学实际困惑与问题，展开交流、讨论与行动研究，能够充分关注和激发教师能力的"自变量"，从而实现教师个体知识的长足发展。

四、科学合理地利用概念图评价方法，提高教师个体知识评价有效性

通过概念图的方法，可以很好地评价教师的个体知识情况。为了保障概念图评价的信度和效度，评价过程中应将概念图方法与其它评价方法综合使用，例如访谈法、观察法等，这样更有助于挖掘概念图背后隐藏的真实信息。本研究采用概念图和访谈法相结合的方式，提高了概念图评价的信度和效度，对于有效测评中学理科教师个体知识是一个有价值的尝试。我们应该明确在利用概念图探查教师的认知结构时，不仅仅要掌握教师具有哪些概念和命题，还要掌握这些概念是怎样组织的，以及教师是怎样运用这些知识解决问题的。概念图中所呈现出的概念和命题能指导我们设计出访谈过程中所使用的问题，以及问题的组织顺序等。结合访谈，可以进一步探索教师的认知结构，从而可以了解到他们的认知结构中是否存在着错误或迷思的概念，如此，才会揭示和更全面地评价教师的知识或能力水平。根据不同评价对象和情境，科学合理地利用概念图方法来评价教师的个体知识，可以更好地促进教师课程与教学能力的不断提升。

第三节　研究不足与展望

本研究在综述教师知识研究的基础上，探讨了中学理科教师个体知识的类型、发展阶段与评价范式，将概念图作为一种方法论进行了理论阐释和评价指标体系的构建。在此基础上，借助于概念图工具对中学理科教师的个体知识水平进行了评价研究和发展的实践探索，并提出了相应的优化建议。

本研究在方案设计、方法选择与实施的过程中，也存在着不同程度的局限性，影响着本研究结论的进一步推广。首先，对于研究样本选择的限制，选取的研究对象并不能代表所有中学理科教师情况，可能会影响本研究结论的推广。其次，在研究方法的选择方面，本研究重点使用了概念图方法，利用其表征功能和评价功能，对中学理科教师的个体知识展开了系列研究。采用概念图的评

价方法，有其不可避免的局限性。除了在实施过程中被试的概念图绘制有难度外，最主要的局限在于概念图的评价，评价者的人为因素介入，会对概念图评价结果的客观性产生影响。

　　子曰："书不尽言，言不尽意" ①。由于笔者能力有限，有些问题探讨得还不够深入，有待将来的进一步深入研究。文中难免有疏漏、不足之处，恳请各位专家和读者给予指正。基于概念图对中学理科教师个体知识进行评价与发展研究，无论是在理论上还是在实践上，都还需要进行深入的讨论和研究。

---

① 　方世昌 . 周易新释 [M]. 西安：西安电子科技大学出版社，2017.342.

参考文献

中文部分：

[1] 蔡铁权，梅尹. 促进中学物理教学的知识可视化 [J]. 物理教学，2013（6）：9-13.

[2] 陈必坤，赵蓉英. 学科知识可视化分析的理论研究 [J]. 情报理论与实践，2015（11）：23-29.

[3] 陈德斌，刘径言. 学校层面上的教师课程决定研究 [J]. 苏州大学学报（哲学社会科学版）. 2010（6）：196.

[4] 陈向明. 对教师实践性知识构成要素的探讨 [J]. 教育研究，2009（10）：66-73.

[5] 陈向明. 实践性知识：教师专业发展的知识基础 [J]. 北京大学教育评论，2003(1)：104-112.

[6] 杜爱慧. 物理教材插图的分类与运用策略 [J]. 教学与管理，2010（4）：73-75.

[7] 韩继伟，黄毅英，马云鹏，卢乃桂. 初中教师的教师知识研究：基于东北省会城市数学教师的调查 [J]. 教育研究，2011(4): 91-95.

[8] 韩继伟，林智中，黄毅英. 西方国家教师知识研究的演变与启示 [J]. 教育研究, 2008(1)：88-92.

[9] 韩继伟，马云鹏，赵冬臣. 中学数学教师的教师知识来源的调查研究 [J]. 教师教育研究，2011(3)：66-70.

[10] 黄兴丰，马云鹏. 学科教学知识的肇始、纷争与发展 [J]. 外国教育研究，2011(11)：37-41.

[11] 黄志坚，黄浩潮. 新高中通识教育科教师专业发展的思考 [J]. 香港教师中心学报，2007（6）：10.

[12] 李达森. 不同导入训练历程之"概念构图教学法"对小学阶段生物能

量概念学习与态度影响之实证研究 [J]. 高雄师大学报，2005（19）：105-122.

[13] 李静. 美术课程观转向中美术教师的课程知识构建 [J]. 教育理论与实践，2010（4）：18.

[14] 李淑琼，刘家访. 教师课程知识探析 [J]. 当代教育论坛（下半月刊），2009（6）：25-28.

[15] 李伟胜. 学科教学知识 (PCK) 的核心因素及其对教师教育的启示 [J]. 教师教育研究,2009(2): 33-37.

[16] 李伟胜. 学科教学知识的核心内涵辨析 [J]. 西南大学学报社会科学版,2012(1):26-31.

[17] 李香玲. 西方课程知识观的演进与分析 [J]. 广西师范学院学报 (哲学社会科学版),2014(2):74-77.

[18] 李祖祥. 教科书分析的三种取向 [J]. 湖南师范大学教育科学学报，2007（5）：10-13.

[19] 林钦，陈峰，宋静. 关于核心素养导向的中学物理教学的思考 [J]. 课程· 教材· 教法，2015（12）：90-95.

[20] 刘华丽. 谈新课程背景下课程知识的价值 [J]. 齐齐哈尔师范高等专科学校报,2007(5):121-122.

[21] 刘儒德. 基于问题学习对教学改革的启示 [J]. 教育研究，2002,(2):74.

[22] 陆真. 新课程实施背景下对科学探究的再认识与思考 [J]. 课程· 教材· 教法，2005（9）：71-78.

[23] 罗润生，杨云苏. 教师知识种类和结构研究综述 [J]. 井冈山师范学院学报 (哲学社会科学), 2001,22(4):75-78.

[24] 马云鹏，赵冬臣，韩继伟. 教师专业知识的测查与分析 [J]. 教育研究，2010（12）：71.

[25] 申洁，薛钰康. 概念图思维对教学情境可视化形式呈现的启示 [J]. 物理教师，2014（12）：13-14.

[26] 石鸥，刘学利. 教科书文本内容的构成 [J]. 教育学术月刊，2013（5）：

77 – 82.

[27] 石鸥，石玉. 论教科书的基本特征 [J]. 教育研究，2012（4）：92 – 97.

[28] 宋德忠，林世华，陈淑芬，张国恩. 知识结构的测量：径路搜寻法与概念构图法的比较 [J]. 教育心理学报，1998（2）：123-142.

[29] 孙雨生，张梦珍，朱礼军. 国内知识可视化研究进展：理论分析 [J]. 情报理论与实践，2015（11）：126-131.

[30] 孙自挥，高晓芙，杨静林，朱海英 .PCK 知识与英语教师的专业发展 [J]. 西南民族大学学报，2008（12）：148-151.

[31] 吴海荣，朱德全. 物理新课程标准下的教学行为评价标准 [J]. 西南师范大学学报 (自然科学版)，2002（4）：626-629.

[32] 希建华，赵国庆. "概念图"解读：背景、理论、实践及发展——访教育心理学国际著名专家约瑟夫·D· 诺瓦克教授 [J]. 开放教育研究，2006（1）：4-8.

[33] 辛涛，申继亮，林崇德. 从教师的知识结构看师范教育的改革 [J]. 高等师范教育研究，1999(6):12-17.

[34] 邢威. 开展科学探究点滴体会 [J]. 中学物理，2015（7）：62-63.

[35] 徐菲. 教师实践性知识可视化视觉表征研究 [J]. 池州学院学报，2015（4）：135-137.

[36] 许丽龄，章美英，谢素美. 心智图———一种促进学生学习策略的新工具 [J]. 护理杂志，2008（2）：76-80.

[37] 薛原. 基于课程标准的教学设计 [J]. 物理教学，2015（6）：37-39.

[38] 严文法, 胡卫平. 国外概念图的研究进展 [J]. 雁北师范学院学报,2005(3):25.

[39] 杨承印，韩俊卿. 基于课程标准的不同教科书同主题定量分析与评价 [J]. 全球教育展望，2007（11）：77-80.

[40] 杨翠蓉，胡谊，吴庆麟. 教师知识的研究综述 [J]. 心理科学，

2005(11):68.

[41] 杨小玲.多元智力理论与认知心理探析 [J].长沙理工大学学报 (社会科学版),2006(12):131-133.

[42] 杨晓.教师课程标准意识的内涵、生成与评价 [J].教师教育研究，2013（6）：35-40.

[43] 于冰，于海波.教师个人课程：前提假设、基本内涵与实践价值 [J].当代教育科学，2013（15）：31-33.

[44] 于海波,刘艳超,孟昭辉.物理教师课程知识的内涵、现状与优化策略 [J].物理教师,2011(3):1-3.

[45] 于海波，孟昭辉.科学课程的文化学研究：内涵、价值与走向 [J].教育理论与实践，2004（3）：61-64.

[46] 于海波.建构主义科学教学方式何以可能 [J].社会科学战线,2014（4）：211-214.

[47] 于海波.教师课程实施能力研究 [J].当代教育科学，2011（12）：13-16.

[48] 于海波.论教师的课程智慧 [J].教育理论与实践，2013（22）：28-31.

[49] 于海波.试论"物理课程与教学论"的学科定位与发展走向 [J].课程·教材·教法 ,2010,30(9):97-101.

[50] 袁维新.概念图：一种促进知识建构的学习策略 [J].学科教学，2004（2）：41.

[51] 袁维新.学科教学知识：一个教师专业发展的新视角 [J].外国教育研究 ,2005(3)：10-14.

[52] 张华.走向课程理解：西方课程理论新进展 [J].全球教育展望，2001（7）：40-48.

[53] 张建伟，陈琦.认知结构的测查方法 [J].心理科学，2000,23（6）：750-751.

[54] 赵国庆，陆志坚."概念图"与"思维导图"辨析 [J].中国电化教

育,2004(8):43-44.

[55] 赵国庆，张璐.应用概念图诱出专家知识——概念图应用的新领域 [J].开放教育研究，2009（4）：56-60.

[56] 赵国庆.知识可视化 2004 定义的分析与修订 [J].电化教育研究,2009(3):16-26.

[57] 郑彩国.教师专业发展的阶段划分及其知识转型 [J].教育探索，2007（11）：74-75.

[58] 郑先俐.教师课程知识的类型分析 [J].西昌学院学报·社会科学版，2008（6）：133-135.

[59] 钟启泉.“实践性知识”问答录 [J].全球教育展望，2004（4）：3-6.

[60] 朱铁成，陈雪梅.中学教师课程素养现状调查研究 [J].师资培训研究，2004（2）：14.

[61] 朱学庆.概念图的知识及其研究综述 [J].上海教育科研，2002（10）：32.

[62] 邹斌.教师知识与教师专业化 [J].阜阳师范学院学报 (社会科学版),2005(3):4-9.

[63] 邹敏.概念图在组织“知”与“能”教学中的应用 [J].教育导刊，2016（3）：59-61.

[64] [澳] 科林·马什.理解课程的关键概念 [M].徐佳，吴刚平译.北京：教育科学出版社，2009.

[65] [德] 埃德蒙特·胡塞尔.现象学 [M].李光荣编译.重庆：重庆出版社，2006.

[66] [加]F.迈克尔·康纳利，D.琼·克兰迪宁.教师成为课程研究者——经验叙事 [M].刘良华译.杭州：浙江教育出版社，2004.

[67] [加] 迈克尔·富兰.教育变革新意义 [M].中央教育科学研究所,加拿大多伦多国际学院组织翻译.北京：教育科学出版社，2005.

[68] [美]J.安德森.学习、教学和评估的分类学 [M].皮连生等译.上海：

华东师范大学出版社,2007.

[69] [美] 阿伦· C.奥恩斯坦 . 当代课程问题 [M]. 余强主译 . 杭州：浙江教育出版社 ,2004.

[70] [美] 埃利奥特· 艾斯纳 . 教育想象：学校课程设计与评价 [M]. 李雁冰译 . 北京：教育科学出版社，2008.

[71] [美] 罗伯特 .K. 殷 . 案例研究：设计与方法 [M]. 周海涛译 . 重庆：重庆大学出版社，2004.

[72] [美] 欧用生 . 课程与教学——概念、理论与实际 [M]. 台北：台湾文景书局，1998.

[73] [美] 泰勒 . 课程与教学的基本原理 [M]. 罗康，张阅译 . 北京：中国轻工业出版社，2008.

[74] [美] 托马斯· 库恩 . 科学革命的结构 [M]. 金吾伦，胡新和译 . 北京：北京大学出版社，2003.

[75] [美] 小威廉姆斯 E. 多尔 . 后现代课程观 [M]. 王红宇译 . 北京：教育科学出版社，2000.

[76] [美] 约翰· 杜威 (Dewey.J.). 我们怎样思维：经验 [M]. 姜文闵译 . 北京：人民教育出版社，2005.

[77] [日] 佐藤学 . 课程与教师 [M]. 钟启泉译 . 北京：教育科学出版社，2003.

[78] [英] 卡尔· 波普尔 . 客观知识：一个进化论的研究 [M]. 舒炜光译 . 杭州：中国美术学院出版社，2003.

[79] [英] 迈克尔·波兰尼 . 个人知识——迈向后批判哲学 [M]. 许泽民译 . 贵阳：贵州人民出版社，2000.

[80] 白秀英，王较过 . 初中物理有效教学 [M]. 北京：北京师范大学出版社，2015.

[81] 蔡敏 . 美国中小学教师评价及典型案例 [M]. 北京：北京大学出版社，2009.

[82] 蔡铁权，姜旭英．概念转变的科学教学 [M]．北京：教育科学出版社，2009.

[83] 曾天山．教材论 [M]．南昌：江西教育出版社，1997.

[84] 陈静静．教师实践性知识论：中日比较研究 [M]．上海：华东师范大学出版社，2011.

[85] 陈琦，刘儒德．当代教育心理学 [M]．北京：北京师范大学出版社，2007.

[86] 陈琦，刘儒德．教育心理学 [M]．北京：高等教育出版社，2005.

[87] 陈霞．教师专业发展的实效性研究 [M]．北京：北京大学出版社，2012.

[88] 陈向明．搭建实践与理论之桥：教师实践性知识研究 [M]．北京：教育科学出版社，2011.

[89] 陈向明．质的研究方法与社会科学研究 [M]．北京：教育科学出版社．2006.

[90] 陈月茹．中小学教科书改革研究 [M]．北京：教育科学出版社，2009.

[91] 程胜．如何分析学情 [M]．上海：华东师范大学出版社，2014.

[92] 单志艳．如何进行教育评价 [M]．北京：华语教学出版社，2007.

[93] 范良火．教师教学知识发展研究 [M]．上海：华东师范大学出版社，2003.

[94] 高文，徐斌艳，吴刚．建构主义教育研究 [M]．北京：教育科学出版社，2008.

[95] 郭其军．一流教师教什么 [M]．南京：南京大学出版社，2013.

[96] 和学新，徐文彬．教育研究方法 [M]．北京：北京师范大学出版社，2015.

[97] 胡小勇．概念图教学实训教程 [M]．南京：南京师范大学出版社，2008.

[98] 姜俊和．美国中小学课程知识的合法性研究 [M]．北京：中国社会科学出版社，2015.

[99] 姜美玲．教师实践性知识研究 [M]．上海：华东师范大学出版社，2003.

[100] 姜美玲.教师实践性知识研究 [M].上海：华东师范大学出版社，2008.

[101] 教育部师范教育司组织编写.教师专业化的理论与实践 [M].北京：人民教育出版社，2003.

[102] 靳玉乐.课程论 [M].北京：人民教育出版社，2012.

[103] 莱斯利.P.斯特弗.教育中的建构主义 [M].高文，徐斌艳等译.上海：华东师范大学出版社，2002.

[104] 李秉德，李定仁.学论 [M].北京：人民教育出版社，2001.

[105] 李冲.知识效能与评价：制度分析视角下的大学教师绩效研究 [M].北京：科学出版社，2015.

[106] 李琼.教师专业发展的知识基础——教学专长研究 [M].北京：北京师范大学出版社，2009.

[107] 李小红.教师与课程：创生的视角 [M].桂林：广西师范大学，2009.

[108] 李艳红，闫文军.小学教师实践性知识发展研究 [M].北京：科学出版社，2014.

[109] 廖伯琴.物理教育学 [M].北京：高等教育出版社，2012.

[110] 林一钢.中国大陆学生教师实习期间教师知识发展的个案研究 [M].上海：学林出版社，2009.

[111] 刘清华.教师知识的模型建构研究 [M].北京：中国社会科学出版社，2004.

[112] 芦咏莉，申继亮.教师评价 [M].北京：北京师范大学出版社，2012.

[113] 罗伯特.斯滕伯格著，姚梅林，张厚粲.斯滕伯格教育心理学 [M].北京：机械工业出版社，2012.

[114] 马云鹏.课程实施探索——小学数学课程实施的个案研究 [M].长春：东北师范大学出版社，2001.

[115] 马云鹏.课程与教学论 [M].北京：中央广播电视大学出版社，2003.

[116] 潘洪建.教学知识论 [M].兰州：甘肃教育出版社，2004.

[117] 彭聃龄，张必隐．认知心理学 [M]．杭州：浙江教育出版社，2004．

[118] 皮亚杰．发生认识论 [M]．范祖珠译．北京：商务印书馆,1990．

[119] 乔治 .J. 波斯纳．课程分析（第三版）[M]．仇光鹏等译．上海：华东师范大学出版社，2007．

[120] 饶见维．教师专业发展——理论与实务 [M]．台北：五南图书出版股份有限公司，2003．

[121] 施良方．学习论 [M]．北京：人民教育出版社，2001．

[122] 石中英．知识转型与教育改革 [M]．北京：教育科学出版社，2001．

[123] 孙宽宁．课程理解的理想与现实———一种教师自我关怀的视角 [M]．济南：山东人民出版社，2010．

[124] 王笃勤等．教材二次开发：从理论到实践 [M]．上海：复旦大学出版社，2016．

[125] 王钢．定量分析与评价方法 [M]．上海：华东师范大学出版社，2003．

[126] 王建中，孟红娟．中学物理教学评价与案例分析 [M]．北京：北京大学出版社，2015．

[127] 威廉 F. 派纳，威廉 M. 雷诺兹．理解课程（上）[M]．张华译．北京：教育科学出版社，2003．

[128] 吴刚平等著．课程资源论 [M]．北京：北京师范大学出版社，2014．

[129] 吴卫东．教师个人知识研究——以小学数学教师为例 [M]．北京：教育科学出版社，2011．

[130] 谢翌．教师信念论 [M]．广州：广东高等教育出版社，2010．

[131] 徐碧美．追求卓越——教师专业发展案例研究 [M]．陈静，李忠如译．北京：人民教育出版社，2003．

[132] 阎金铎，郭玉英．中学物理新课程教学概论 [M]．北京：北京师范大学出版社，2008．

[133] 于海波．科学课程发展的文化学研究 [M]．长春：东北师范大学出版社，2007．

[134] 于海波. 重建科学课程的生活世界 [M]. 长春：吉林人民出版社，2012.

[135] 余民宁. 有意义的学习——概念构图之研究 [M]. 台北：商鼎文化出版社，1997.

[136] 约瑟夫·诺瓦克. 学习、创造与使用知识：概念图促进企业和学校的学习变革 [M]. 北京：人民邮电出版社，2016.

[137] 张楚廷. 课程与教学哲学 [M]. 北京：人民教育出版社，2003.

[138] 赵彦俊. 职前教师实践性知识生成研究 [M]. 北京：中央编译出版社，2010.

[139] 郑军，余国祥. 物理课程论 [M]. 南宁：广西教育出版社，1996.

[140] 台湾师范教育学会主编. 师范教育政策与问题 [M]. 台北：师大书苑,1990.

[141] 中华人民共和国教育部制定. 义务教育物理课程标准 [M]. 北京：北京师范大学出版社，2011.

[142] 钟启泉. 课程论 [M]. 北京：教育科学出版社，2007.

[143] 钟启泉. 现代课程论 [M]. 北京：教育科学出版社，2003.

[144] 周福盛. 教师个体知识的构成与发展 [M]. 北京：科学出版社，2016.

[145] 周淑卿. 课程发展与教师专业 [M]. 北京：九州出版社,2006.

[146] 周兆富. 物理试题编制原理与技术 [M]. 广州：广东教育出版社，2015.

[147] 朱鋐熊. 物理教育展望 [M]. 上海：华东师范大学出版社,2002.

[148] 朱晓民. 语文教师教学知识发展研究 [M]. 北京：教育科学出版社，2010.

[149] 陈淑慧. 以概念图分析"国小"一年级部编版数学教科书之教材结构 [D]：[硕士学位论文]. 台北：台北教育大学，2011.

[150] 董博清. 基于思维导图的中学物理教学实证研究 [D]：[博士学位论文]. 长春：东北师范大学，2013.

[151] 董涛.课堂教学中的 PCK 研究 [D]：[博士学位论文].上海：华东师范大学,2008.

[152] 高振洲.客观化概念图评量系统之发展与设计 [D]：[硕士学位论文].淡江大学，2009.

[153] 蒋永贵.初中新课程实施的现状、影响因素及环境研究 [D]：[博士学位论文].上海：上海师范大学，2008.

[154] 柯靖梅.以概念图探讨四年级数学教科书之教材内容 [D]：[硕士学位论文].台北：台北教育大学，2011.

[155] 孔庆.面向新课程的中学物理教师专业结构研究 [D]：[硕士学位论文].金华：浙江师范大学，2006.

[156] 李峰.基于课程标准的教学设计研究 [D]：[博士学位论文].上海：华东师范大学，2010.

[157] 李佳琳.初任教师与经验教师实践性知识比较个案研究 [D]：[硕士学位论文].长春：东北师范大学，2008.19.

[158] 李俊.专业期刊阅读与数学教师的专业知识发展 [D]：[硕士学位论文].上海：华东师范大学，2009.

[159] 李晓萱.华语文教师专业知能之探究 [D]：[硕士学位论文].台北：台湾师范大学华语文教学研究所，2000.

[160] 庞芳.新课程背景下中学物理教师课程知识发展研究 [D]：[硕士学位论文].长春：东北师范大学，2009.

[161] 田焙明.于问题导向式学习中评量开放型知识地图 [D]：[硕士学位论文].桃园：中原大学，2010.

[162] 王贝贝.高中数学教师课程知识的比较研究 [D]：[硕士学位论文].贵阳：贵州师范大学，2014.

[163] 王俊.教师知识结构研究 [D]：[硕士学位论文].上海：华东师范大学，2005.

[164] 王立君.概念图在促进认知和评估知识结构方面的理论与实证研

究 [D]：[博士学位论文]. 上海：华东师范大学 ,2008.

[165] 谢洁 . 语文教师实践性知识形成研究 [D]：[硕士学位论文]. 上海：华东师范大学，2009.

[166] 张秋霞 . 教师课程理解的现状调查研究 [D]：[硕士学位论文]. 南昌：江西师范大学，2013.

[167] 张淑丹 . 基于概念图工具的化学教材评价研究 [D]：[硕士学位论文]. 西安：陕西师范大学，2014.

[168] 郑先俐 . 专业场景中教师课程知识发展研究 [D]：[硕士学位论文]. 重庆：西南师范大学，2005.

[169] 周加仙 . 基于脑的教育研究——反思与对策 [D]：[博士学位论文]. 上海：华东师范大学 ,2004.

[170] 周玲 . 新手与专家型高中物理教师课程知识比较研究 [D]：[硕士学位论文]. 长春：东北师范大学，2012.

其他参考资料：

[171] 初 中 物 理 在 线 . 电 子 课 本 [DB/OL].http://www.czwlzx.com/jazx/List_136.html.

[172] 国家教育资源公共服务平台 . 一师一优课，一课一名师 [EB/OL]. http://1s1k.eduyun.cn/portal/html/1s1k/index/1.html.

[173] 何银花，宋莉英 . 教师课程素质结构及其优化途径的探讨 [C].2010.

[174] 简红珠 . 师范生学科与学科教学的知识基础 [C]. 师范教育多元化与师资素质学术研讨会 ,2004:15-30

[175] 喻鸿钧，周进洋 . 概念构图促进国中学生"密度"概念学习之研究 [J/OL].http://www.doc88.com/p-78347022553.html.

英文部分：

[1] Afamasaga-Fuata' i, K.(Ed.) Concept mapping in mathematics: Research into

practice[M]. New York, NY: Springer. 2009.pp.59-86.

[2] Anneke Zanting, Nico Verloop, Jan D. Vermunt.Using Interviews and Concept Maps to Access Mentor Teachers' Practical Knowledge[J].Higher Education, 2003.9（2）Vol. 46, pp. 195-214.

[3] Ariav, T. Growth in teachers' curriculum knowledge through the process of curriculum analysis[J].Journal of Curriculum and Supervision,1991.6(3), 183-200.

[4] Berliner ,D. C. Teacher Expertise. In Anderson ,L. W.: Internaional Ency-clopedia of Teaching and Teacher Education (2nd ed.) [M].Cambridge: University of Cambridge.1995:46 - 51.

[5] Calderhead, J. Teachers: belief and knowledge. In David C.&Robert C. Calfee (Eds.), .Handbook of educational psychology[M]. New York: Macmillan, 1996.716.

[6] Calderhead, Teachers: belief and knowledge. In David C.&Robert C. Calfee(Eds), Handbook of educational psychology[M]. New York: Macmillan, 1996.

[7] Calderhead.Learning to teach .In J.Calderhead(Ed),Teachers' Professional Learning[M].New York:The Falmer Press.1988.51.

[8] Carter, K.Teachers' knowledge and learning to teach, In W. R. Houston, M. Haberman. & J. Sikula (Eds.), Handbook of research on teacher education—A project of the Association of Teacher Educators[M].1990.291-310, New York: Macmillan.

[9] Coffey, J. W. , Hoffman, R. R.Canas, A. J. & Ford,K.M.. A concept map based knowledge modeling approach to expert knowledge sharing, IKS 2002. Information and Knowledge Sharing[DB/OL]. http://www.actapress.com/Abstract. aspx?paperId=25737.

[10] Elbaz,F.The teacher's "Practical knowledge" :Report of a case study[J]. Curriculum inquiry,1981，vol.11.

[11] Grossman P L. A study in contrast Sources of content knowledge for second-ary English Teacher.Unpublished doctoral dissertation ,Stanford:Stanford University.

[12] Grossman P L. Teachers'Knowledge.In T.Husen&T.N.Postlethwaite (Eds.),The International Encyclopedia of Education (2nd ed.) [M].New York: Pergamon,1994,pp.6117-6122.

[13] Grossman P L. The Making of a Teacher : Teacher Knowledge and Teacher Education [M] . New York: Teacher College Press, 1990.

[14] Hilda Borko , Ralph T. Putnam. Learning to teach. In: R.Calfee &D. Berliner . Handbook of Education Psychology[M]. NewYork:Macmillan Library Reference , 1996:673-708.

[15] Hill，HeatherC，Ball，DeborahL&Sehilling，S.G(2008).UPacking Pedagogical Content Knowledge:Conceptualizing and Measuring Teachers'Topic-specific Knowledge of Students[J].Journal for Research in Mathematics Education, 39(4)，372-400.

[16] Joseph D. Novak,Alberto J. Canas.The Theory Underlying Concept Maps and How to Construct and Use Them[J].Technical Report IHMC CmapTools 2006-01 Rev 01-2008：1-36.

[17] L.S.Shulman. Knowledge and teaching: Foundations of the new reform[J]. Harvard Educational Review,1987，57(1)：1-22.

[18] L.S.Shulman. Teacher development: Roles of domain expertise and pedagogical knowledge[J]. Journal of Applied Development Psychology, 2000, 21(1),129-135.

[19] L.S.Shulman. Those who understand: Knowledge growth in teaching[J]. Educational Researcher,1986,15(2)：4-14.

[20] Lawrence Stenhouse. Curriculum research and the profession al development of teachers, In An Introduction to Curiculum Research amd Development[M]. Heinemann educational books,1975.

[21] Mintzes, J. J., Wandersee, J. H, & Novak, J. D.(2001). Assessing understanding in biology[J]. Journal of Biological Education, 35(3), 118-124.

[22] Munby, H., Russell, T. & Martin, A. K. Teachers' knowledge and how it develops, In V. Richardson(ed.)[M].Handbook of research on teaching,2001:877-904.

[23] Novak J.D,Gowin D.B.Learning How to Learn[M].London:Cambridge University Press,1984:1-56.

[24] Paulien C. Meijer, Anneke Zanting, Nico Verloop.How Can Student Teachers Elicit Experienced Teachers' Practical Knowledge[J]. Journal of Teacher Education, Vol. 53, No. 5, November / December 2002:406-419.

[25] Rye, J. A. & Rubba, P. A. (1998). An exploration of the concept map as an interview tool to facilitate the externalization of students' understanding about global atmospheric change[J]. Journal of Research in Science Teaching, 35(5), 521-546.

[26] Santhanam, E., Leach, C., & Dawson, C. (1998). Concept mapping: how should it be introduced, and is there evidence for long term benefit[J] .Higher Education, 35, 317-328.

[27] Schmittau, J. (2009). Concept mapping as a means to develop and assess conceptual understanding in secondary mathematics teacher education. In K. Afamasaga-Concept mapping in mathematics: Research into practice[M]. New York, NY: Springer.

[28] Schmittau, J., & Vagliardo, J. J. (2009). Concept mapping as a means to develop and assess conceptual understanding in primary mathematics teacher education. In K. Afamasaga-Concept mapping in mathematics: Rresearch into practice[M]. New York, NY: Springer.

[29] See M.J.Gimmestad&G.E.Halll. Teacher education programs:structure, in Torsten Husen and Neville Postlethwaite[M]. The International Encyclopedia of Education(vol10), Pergamon, 1994, p5998-5999.

[30] Shuhua An, Gerald,Kulm&Zhonghe Wu. The pedagogical content knowledge of middle school ,mathematics teacher in China and U.S.A.[J].Journal of Mathematics Teacher Education.2004,7(2):145-172.

[31] SurizavanderSandt.(2007).Research Framework on Mathematics Teacher Beaviour:Kehler and Grouws' Framework Revistited[J].Eurasia Journal of Mathemarics, 3(4), 343-350.

[32] Tool leading to a new model for matematics education. In K. Afamasaga-Concept mapping in mathematics: Research into practice [M]. New York, NY: Springer.

[33] Turner-Bisset.R.(1999).The Knowledge Bases of the Expert Teacher[J]. British Educational Research Journal,25(l), 39-55.

[34] Zanting,A.Mining the mentor's mind:The elicitation of mentor teachers' practical knowledge by prospective teachers[D] :Doctoral Dissertation.Leiden University,The Netherlands.2001.

[35] Znaniecki F. The Social Role of the Man of Knowledge [M]. New York: Octagon Books, Inc, 1965. 24.

附　录

附录1：初中教师"教科书资源开发与利用"情况调查问卷

初中教师"教科书资源开发与利用"情况调查

尊敬的老师：

您好！

教科书是学校教育中最基本的课程资源，是教师开展教学活动和学生进行学习的主要参考。本次研究目的是为了了解教师对教科书资源的分析、研究与使用情况。研究采用无记名方式，结果仅供个人研究使用，与任何考评无关，绝不会给您带来任何麻烦，请您如实作答。非常感谢您的热心参与！

基本信息：

1.**性别**：A男　　B女　　**教龄**：_____年

2.您现在的**学历**：A中专（中师、高中）　　B大专　　C本科　　D学历硕士　　E教育硕士　　F其他

一、热身活动

（一）请根据您自己的理解将图中9个空白处内容填写完整。

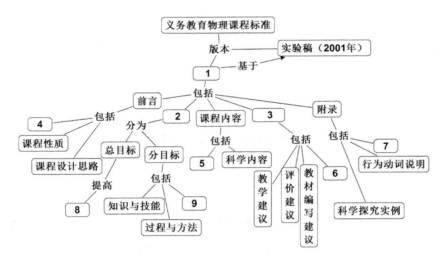

图1 义务教育物理课程标准"内容与框架"主题概念图

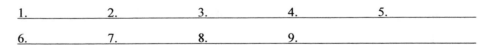

（二）请用以下概念图模板完成一张"物质"主题的概念图。

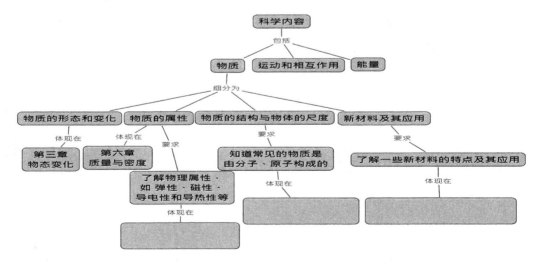

图2 义务教育物理课程标准科学内容之"物质"主题概念图

二、答题要求与说明

本次研究所使用的工具为"**概念图**"。概念图是一种知识组织与表现的工具,由三个部分组成:**节点**、**连线**和**连接词**。例如"天是蓝色的"这一句话中,"天"和"蓝色的"叫做节点,"是"为连接词,连接两个节点的线段即为连线。请围绕"质量与密度"一章进行"教材分析"主题概念图的绘制。

附录2：全国物理教学技能大赛课堂实录

基本信息： 人教版　第三节　串联和并联

第九届全国中学物理青年教师教学技能大赛一等奖

课堂时间：**40 分钟**

说明：括号内楷体字为作者编写的解释说明，以便更好地理解课堂实际情况。

1. **教师：** 我们都有一双明亮的眼睛，眼睛是心灵的窗户，它可以向外传递信息，那大家知道吗？汽车也是靠它的眼睛和外界交流的。

2. **教师：** 请看大屏幕。（用时 33 秒，多媒体投影夜晚汽车灯光的不同情况）

3. **教师：** 同学们说，什么是汽车的眼睛啊？学生齐答：车灯。

4. **教师：** 老师也给自己的汽车装了一对大眼睛，请看（展示自制教具，一辆小汽车玩具，两车灯同时亮起）。怎么样？给汽车安装一双大眼睛，其实并不是一件很难完成的事，同学们，今天想不想当一回设计师，给汽车装上一堆大眼睛？学生齐答：想。

5. **教师：** 那我们今天要完成的第一个设计就是让汽车的眼睛亮起来。

6. **教师：**（投影 PPT 课件呈现内容）

7. **教师：**（教师边投影项目 6 内容边讲解）先画设计图，然后按照设计图进行操作，同学们先把你的电路图画到这张纸上，然后按照电路图连接电路。连接的时候呀，要注意保护电池，别短路啊！当连接好电路后，保留你的电路，想一想，还有什么方法。我们前后两人一组，对立面一组，同学们准备好了吗？学生齐答：准备好了。

8.（用时 2 分 34 秒）学生分小组开始实验活动，学生翻书画电路图，教师在同学中穿梭并陆续给出两次提示：A.请把电路图先画到纸上；B.画好电路图后，可以开始实验。

9. **教师：** 同学们，实验就到这里吧！我刚才看到好多组同学都已经让汽车的眼睛亮起来了，刚才有同学把他们组里的电路画到了黑板上，请同学们看黑板（▭）。我看到很多组设计的电路和他们的都是一样的。那下面谁能来把你们连接的这种电路给大家展示一下呢？谁来？

10.（用手示意两名男同学上台，用时25秒，学生未说一句话）师：请举起来，后面的同学也能看到，眨一眨眼睛（学生开关一下开关，灯泡闪烁一次），行不行，哎！这个电路已经达到了我们的设计要求，你们的实验很成功，谢谢。请回。

11. 教师：这种设计能让汽车的眼睛亮起来了，哪位同学还有其他的方法，也能让汽车的眼睛亮起来？（有同学举手）好，请把你设计的电路画到黑板上，画到这里（示意黑板右侧），我们看一看，他设计了一个什么样的电路，画到右边，好的。（一男生上台画出自己设计的电路图 ▭）

12. 教师：同学们看一看，他设计的电路跟刚才那个同学的电路，有没有相似处呀！有没有？用电器都是怎么连接的？（学生齐答：串联）哎，都是一串，连成了一串，那同学刚才你们实验的时候，能够让汽车的眼睛亮起来么？（刚才上台画图的学生答能）好的，这个方法也可以，谁还有其他的方法和设计？可以让汽车的眼睛亮起来。其他的方法，有没有？我刚才看到了那一组（走过去并说），把你设计的电路画到黑板上。

13. 一男生上台画电路，用时28秒。▭

14. 教师：好，谢谢你的电路，请回。

15. 教师：他设计了一个这样的电路。连接这个电路，同学们得想一想了，怎么办？谁来试一试？（PPT投影所需器材，叫刚才画电路的同学上台）你来试一试，你指挥我，我替你连接好这个电路，来，那你来吧！哦，你就说哪个点连接哪个点！a点连接b点，（教师边说边点击鼠标）非常好，请坐，这位同学呀，他给我们提供了一个电路，还提供了一种连接电路的方法，这个电路能不能让汽车的眼睛亮起来？同学们赶快试一试吧！

16. 同学们动手实验，用时 54 秒。教师巡视指导并提示："刚才连接这一电路图的组，可以试一试第一种设计。"

17. **教师：**好，这个电路能让汽车的眼睛亮起来么？学生齐答：能。

18. **教师：**哎，不错，同学们停一下手里的实验，把电源关掉。（给 7 秒时间让学生关电源）

19. **教师：**同学们还有其他的设计么？没有了。为了让汽车的眼睛亮起来，同学们设计了两种电路，那同学们对比一下，这两种电路，它的用电器在连接方式上有什么区别？

20. **教师：**（找学生回答）。搭桥，怎么搭的桥？搭了两个并列的桥，对不对？哎，谢谢你，请坐。

21. **教师：**（用手示意黑板）左边这两个电路首尾相连，我们给它起个名字就叫它串联电路（板书），右边这个电路，给它搭了一个桥，并且是并列搭的桥，哎，我们就叫它并联电路（板书）。这就是我们今天要学习的串联电路和并联电路。（板书标题）打一个比方，串联电路，用电器首尾相连，它的用电器就像糖葫芦一样连成一串（投影图片）。这并联电路，它有分支，就像长江有支流（投影图片），并联电路也有它的支路和干路，那同学们想一想串联电路和并联电路都可以让让汽车的眼睛同时亮同时灭（投影汽车图片并提出问题），那么，车灯到底是串联还是并联呢？

22. **教师：**这个问题一直困扰着我，直到有一天老师开着汽车出去，由于某种原因，车灯坏了一个（边讲边操作，拿下一个车灯），多亏了另外一个灯还能发光，老师才安全到家。我通过这件事情想明白了，这个车应该用哪种电路？

23. **教师：**你们想明白了吗？哎，同学们没想明白也不要紧，我们来模拟一下这个故障。（演示电路板操作实验）这是一个什么电路？学生齐答：串联。

教师：哎，串联电路。我们让车灯亮起来，我把这个灯泡拨到一边，就来模拟这个故障。

24. 教师：（拿起另一个电路板）这是什么电路呀？再来模拟汽车故障（操作将一只灯泡拨到另一边，另一只灯泡仍然亮着），汽车用的是哪一种电路？

学生齐答： 并联。

25. 教师：并联它就可以做到一个灯亮一个灯不亮，用电器互不影响，而串联电路呢？同学们记住了，相互影响（PPT投影相关内容）。同学们想一想，这是为什么呀？影响不影响，这是为什么呀？我们可以从电流路上的角度来考虑这个问题。

26. 给学生思考10秒。

27. 教师：（请学生回答）来，哪位同学说一下？你来说一说？（学生起立回答……，用时14秒）

28. 教师：太好了，先说并联（手示意看大屏幕，起立的学生重新回答……，用时15秒）非常好，你刚才怎么不举手呢？以后要勤于表现自己，请坐，非常好。

29. 教师：下面老师再补充一点点内容，如果并联电路是两条支路的话，有两条路径，如果有多条支路，那它的路径是不是更多呢？其中一盏灯、一个支路发生了故障，不影响其他支路，所以用电器互不影响，所以车灯也是互不影响，它是不是并联电路？同学们想不想看看？

学生齐答： 想。

教师： 大声点说

学生齐答： 想。

30. 教师：那我们就拿出来看一看（教师操作，将汽车教具上半部分揭开，清晰可见里面的电路情况）。

31. 教师：电源从正极出来，分两路，每一路都有一个车灯，流经车灯回到电源负极，告诉我这是什么电路？学生齐答：并联。

教师： 好，并联。同学们，我们给汽车安装了大眼睛，其实汽车还有一个小眼睛，虽然不大，也很聪明，因为它会说话。（演示汽车左转向灯）它在说什么？

学生齐答：左转。

教师：(演示右转向灯) 它现在再说什么? 学生齐答：右转。

32. 教师：哎，右转，这个车灯可以通过睁一只眼闭一只眼来表达自己的想法，对不对? 今天我们要完成的第二个设计就是给汽车安装一对会说话的眼睛。(投影显示问题二相关要求、实验器材等) 哎，我们试着用两个开关控制两盏灯，还是那样，把你设计的电路画到纸上，待会我会请同学们上台展示你们优秀的设计，准备好了吗? 开始吧。

33. 学生动手设计操作，用时 2 分 24 秒。

34. 教师：好了，同学们，实验先到这里，暂停一下，我们请两位同学到前面来展示一下他们设计的电路。(示意一组同学到台上展示并将投影切换到实物展台) 来，你给大家说一下。(临时突发事件：屏幕闪烁了几次，教师调节至屏幕好用，用时 39 秒)

35. 学生：(学生在台上用实物投影展示并回答用时 50 秒) 我们设计电路是一条并联的电路，它这里是电源，电流通过这条线到达这一分支，然后到达其中一只开关的时候，控制电流，它所断开，从而控制下面的一盏灯，然后下面的开关也是同样的道理，控制下面的这一盏灯，然后这两个开关分别控制两盏

灯，互不影响。(学生手绘的电路图)

36. 教师：谢谢你的设计，请回。

37. 教师：同学们，这个电路是一个并联电路，这个同学在每一个支路都装了一个开关，我们可以把装在支路的开关叫支路开关。

38. 教师：来，那位同学 (示意另一位同学上台)，刚才你设计了一个什么电路? 来，给大家展示一下。

39. 学生：我们这个电路是两个开关控制两盏灯，一个在支路，一个在干路上来控制两盏灯，可以同时关掉两盏灯或者一盏灯。(用时 29 秒)

40. 教师：好，你设计这样一个电路，这个电路待会我们也可以实验一下，

我们给它命名为 B 方案。那同时，我要给大家介绍一下，装在干路上的开关，我们以后就称为干路开关。

41. **教师：**谢谢你，请回。

42. **教师：**（PPT 投影两种方案）这两种方案，也是两种设计，这个可行不可行？用实验验证一下，同学们选择一种开始实验。

43. （实验过程用时 6 分 47 秒）学生实验活动，教师巡视及时点拨。

44. **教师：**同学们，电路连的怎么样了？那么停一下手里的实验。下面我们邀请两个小组给大家展示一下，他们连接的 A、B 方案。A 方案谁来？你来，这样啊，你上台，小组合作（同组另一同学拿着电路板也上台了）。

45. **教师：**举高一点，让后面同学看到。

46. 男生讲解，女生举着电路板。用时 37 秒。

47. **教师：**那用你的电路给大家表演一下左转和右转。（学生边说边演示）

48. **教师：**同学们，他们这个电路达到设计要求了吗？

学生齐答：达到了。

49. **教师：**非常好，请回，实验能力很强呀！

50. **教师：**那 A 方案达到要求了，B 方案呢？谁给我们演示一下？来，那两位女生来展示一下。

51. **教师：**演示过程中给大家介绍下你们的电路，举起来，哎对，让后面的同学看到。

52. **学生讲解：**用时 22 秒。

53. **教师：**嗨，太聪明了。那这个电路我只想左转怎么办呀？（学生尝试思考）还需要改一条线，装在车里，那这是左灯还是右灯？

学生齐答：左灯。

教师：我只想右转（学生操作，两灯全亮）

教师：必须打右转灯才能开左转。同学们，打双闪是什么意思？汽车抛锚了。这个电路能不能达到我们的设计要求呀？

学生齐答：不能。

54. 教师： 但是你们连接得非常好，你们的实验能力也很强。你们甚至想到了临时改电路（教师竖大拇指），真棒，请回。

55. 教师： 同学们 A 方案达到了设计要求，B 方案没有达到设计要求，对比 A、B 两种方案，它们设计的区别在哪？（学生举手，教师请学生回答，用时 11 秒）

56. 教师： 区别实际上就在于开关的位置不同，对吧？ B 方案有一个干路开关，而 A 方案都是支路开关，通过这个实验，同学们想一想并联电路开关位置不同，它们的作用有什么不同？

57. 学生思考，教师给 8 秒时间让学生思考。

58. 教师： 装在干路和装在支路的开关，它们的权力一样大吗？ （学生举手）咱们找一找没举手的同学来说。你来说一说（示意一位为举手同学起立回答，11 秒回答完毕）。

59. 好，请坐，再想一想。并联电路开关位置不同，它的作用有什么不同？你来说一说。（一女生起立回答）

60. 教师： 干路开关还是支路开关？女生答：干路；教师：嗯，干路开关权力大，支路开关权力小，只管它自己的事，好请坐。

61. 教师： 通过学习我们知道干路开关控制整个电路，而支路开关控制各个支路。回忆刚才我们讲过的串联电路，只有一条路径，装一个开关，是不是就可以全部控制了？这样的话呢，今天通过给汽车眼睛设计电路，我们思考一个问题（PPT 投影图片及思考题相关内容）：沿着马路铺设的路灯，它们采用的是哪种连接方式？

62. （学生思考，没有举手的同学主动发言）。教师：你说。（一女生站起来回答"串联"）为什么你说串联，依据是什么？女生继续回答⋯

63. 教师： 并联能不能做到？闸刀一合，全部都亮。能不能？假如这边一排，这边一排，闸刀一合能不能都亮？（7 秒时间留白让学生思考）

64. 教师： 并联电路能不能让两条支路的灯同时亮起来？学生齐答：能。

教师： 那串联电路可不可以让灯泡同时亮起来？学生齐答：能。

教师：所以刚才这位同学 依据不是判断串并联的依据。好，你说。（示意另外一位同学起立回答）

65.**学生**：⋯⋯**教师**：为什么？**学生**：⋯⋯

教师：你今天的表现非常好，其实，今天天宝中学的门口就有一盏路灯是坏了的，其他路灯都亮，说明是并联。

66.**教师**：老师这里还准备了一个电路，这是串联还是并联？学生齐答：串联。

（教师演示操作，灯逐一都亮了）**教师**：串联还是并联？学生齐答：并联。

教师：哎，并联，对不对。那么老师想传递给同学们的一个信息就是，不是所有连成一串的都是串联，这个路灯排成了一串，但它们是什么连？并联，老师这里还有一个电路，请同学们大声读出这两个字。学生齐答：加油。

教师：你看我可以用这个开关控制所有灯，这些灯是串联还是并联？接着往下看（逐一断开其余三个开关，"加"灭了，'油"灭了，周围灯灭了），这三部分是什么联？学生齐答：并联。

教师：那这三个开关是干路还是支路开关？学生齐答：支路。

教师：好，接着看（演示）。这一圈灯是串联还是并联？有一个灯坏了，又一个灯坏了，说是并联还是串联？学生齐答：并联。（教师演示操作："闭合"加的开关）又一个灯坏了，拿下一个灯泡，"加"全灭了。学生齐答：串联。教师操作：闭合"油"开关，又坏了一个，从"由"部分拿下一个灯泡，"由"不亮了。

教师：这个灯和其它的"由"字是什么联？不带偏旁的由？学生齐答：串联。

教师：但这个"由"和三点水是什么关系？学生齐答：并联。

教师：请大家来看这个电路是多么复杂。

67.**教师**：同学们，实际的车灯电路也非常复杂，但是无论多么复杂的电路最终都是由简单的串联和并联组成，只要坚持不懈的学习，努力认真的分析，我们就可以认清这个电路，甚至我们可以设计出更简短的电路来，行不行？

学生齐答：行。

68. 教师：这节课马上就要结束了，在重庆这几天非常愉快，那么最后呀，我们再一起欣赏一下重庆夜景，你们告诉我这都是哪。（投影展示，学生作答）

69. 教师：一个城市的夜景要靠灯来装饰，那么应用最多的就是楼宇的轮廓灯，那今天给大家布置一个作业（PPT 投影课外作业：1.……2.……）。写一份调查报告，发到我的博客里交流一下。

70. 教师：下面同学们翻开课本，看一下，有问题的可以举手，刚才有实验没做完的，可以连一下，再做一下。（教师巡视，下课铃响）好了，同学们，我们这节课就到这里，谢谢大家，下课，同学们再见！学生：老师再见。

附录 3：课堂实录概念图试题说明

指导语：

以下是一个课堂实录的文字记录，包括教师和学生的对话以及一些场景描述，请把各个信息分类，把同一类别的信息放在一起，然后给每一类别取名，并把各类之间的关系用图表示出来。

提示注意： 分类的标准和命名都由自己决定。

一、作答方式：用纸笔作答

二、作答过程举例说明

1.请从头至尾阅读一遍所给材料（包括 70 个条目的课堂实录）

2.阅读完毕，请对 70 个条目进行分类，分类标准自己决定。

例如：

类别一：3、7、9、10、15、16、37、50；

类别二：4、52、53、54、66、69；

类别三：1、2、5、11、12、19、20、26；

类别……

3.类型划分完毕，请对所划分的类型进行命名，命名标准由自己把握。

4.分类及命名都结束后，请对所划分的类型之间关系进行说明解释。（例如，某教师将这 70 个条目划分成了 8 大类，有 8 个名称，就说明 8 个名称之间关系）

5.最后用符号及连线画出关系。

例如：A 教师分成 7 大类，B 教师分成 8 大类，A、B 教师分别认为相互之间的关系用图形表示如下：

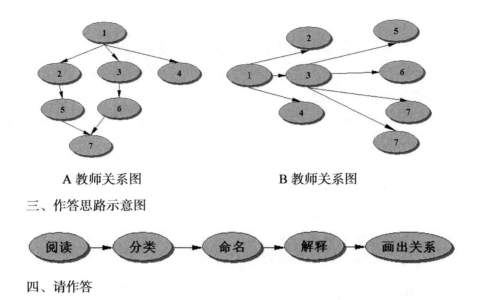

A 教师关系图　　　　　　　　B 教师关系图

三、作答思路示意图

阅读 → 分类 → 命名 → 解释 → 画出关系

四、请作答

附录4：10位准教师科学探究主题概念图汇总

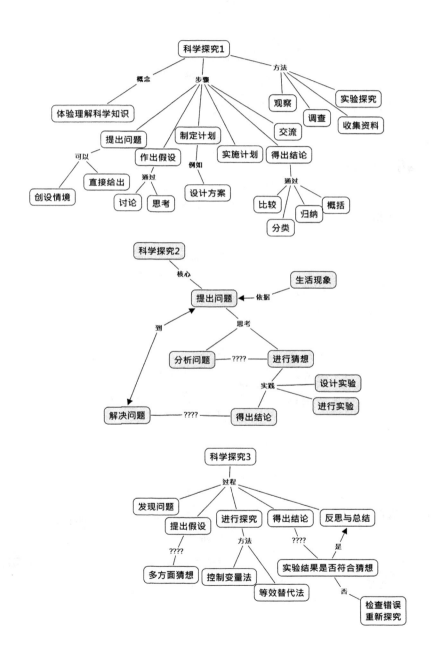

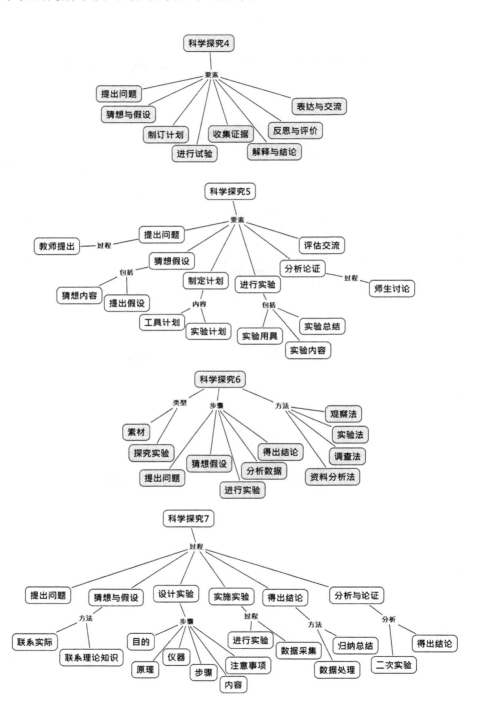

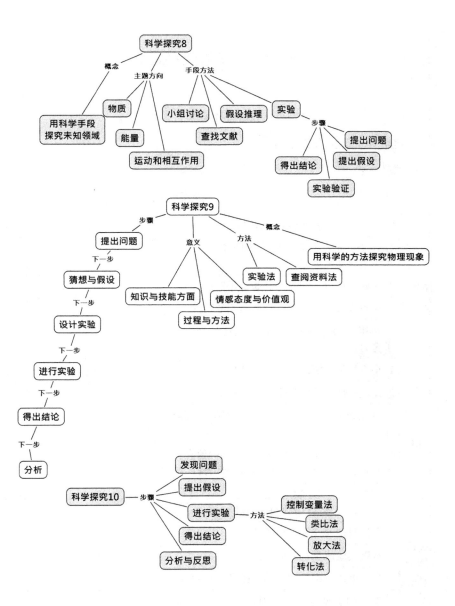

附录 5：课堂观察量表

（表一）小组合作有效性观察量表

观察维度：小组合作学习

授课教师：_____　　　　班级：_____

观察人：_____　　　　观察组别：第 _____ 小组

有效性的表现小组合作学习		1	2	3	4
任务分工	1. 每个成员都有自己明确的任务，并能认真积极主动地完成任务。				
	2. 实验操作分工明确，自如运用器材。				
	3. 小组成员明白该阶段需要达到的目的。				
	4. 小组中的每一个成员都对最终的结果作出了努力。				
培养团结互助意识	1. 小组的学习资源和材料是共享的。				
	2. 先完成任务的同学主动帮助有困难的同学。				
	3. 在比较复杂的实验中能够互相配合完成任务。				
	4. 能在学习中自主收集信息、分析信息，解决问题，并形成自己的见解并能用自己的语言表达自己的观点。				
养成认真倾听习惯	1. 小组成员间能认真倾听，互助互学。				
	2. 汇报时能够代表小组的意见。				
	3. 本组其他成员有补充的行动和意识。				
	4. 当一个成员讲话时，其他成员注意倾听。				
	5. 有不同意见也不打断别人的回答，等别人答完后再举手表达自己的观点。				
独立思考	能够独立思考问题，在此基础上在组内共同学习，共同进步。				

说明：每组为 6-7 人
给分标准：
1. 全员符合要求，为 4 分；4-5 符合要求为 3 分，2-3 人员符合为 2 分；1 人符合为 1 分。
2. 满分 64 分，总分 58 分以上（含 58 分），小组合作优秀；总分 48 分以上（含 48 分），小组合作任务完成较好；总分 38 分以上（含 38 分），小组合作任务完成；总分低于 38 分，小组合作失败。

（表二）实验有效策略实施情况

		0分 无人	1分 1人	2分 2—3人	3分 4—5人	4分 6—7人
探究物体质量和体积的关系	学生在小组合作过程中的主体地位					
	学生实验目标明确，能马上行动参与实验					
	会正确使用实验器材或在其他同学帮助下使用实验器材					
	能正确记录数据					
	能正确处理数据，作出 m-v 图像					
	能在汇报前进行小组内讨论，统一结论					
	能认真聆听其他小组成员发言					
	教师在小组合作过程中的主导地位	0分 0次		2分 至少1次		4分 多次
	教师积极参与学生实验，适当点评					
	教师能认真倾听学生发言					
	教师能够发现学生表达的优点或不足，加以点评					
		0分 多次		2分 1次		4分 0次
	学生出现问题，主动要求教师指导					

说明：共十项，满分 40 分
达到 34 分以上，成绩优秀，说明策略适合教学
达到 24 分以上，成绩合格，说明可以使用该策略，但建议改良
未达到合格则建议改变教学策略

成绩：_____

附录6：《密度》课堂检测题

自我检测

1.有一瓶食用油用掉一半，质量 ＿＿＿＿，体积 ＿＿＿＿，密度 ＿＿＿＿。（以上均选填"变大""变小"或"不变"）

2.关于密度公式的理解正确的是（　　　　）

A.密度与质量成正比

B.密度和体积成反比

C.密度是有质量和体积决定的

D.密度与质量体积无关，但数值上等于质量与体积之比

3.小玉同学在探究"同种物质的质量与体积的关系"的实验中，测出几组数据，根据这些数据绘出图像，能正确反映"质量与体积关系"的图像是（　　　　）

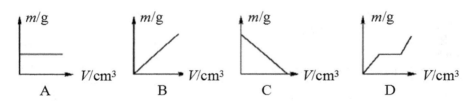

4.为了探究某种物质的特性，小明同学测得四组数据，填在下表中：

次数	物体	质量 m/g	体积 V/cm3	质量 / 体积 g/cm3
1	A	54	20	
2	B	108	40	2.7
3	C		20	7.9
4	D	316	40	7.9

（1）将表中的空白填写完整。

（2）比较1、2这两组数据，A、B两种物质＿＿＿＿（选填"是"或者"不是"）同一种物质。

（3）比较 B、C 这两组的数据，可得出的结论，不同物质，质量与体积的比值 _____。